Fenice Tranquilla: Guida per Introversi per Risorgere nel Lavoro e nella Vita

Fenice Tranquilla, Volume 1

Prasenjeet Kumar

While every precaution has been taken in the preparation of this book, the publisher assumes no responsibility for errors or omissions, or for damages resulting from the use of the information contained herein.

FENICE TRANQUILLA: GUIDA PER INTROVERSI PER RISORGERE NEL LAVORO E NELLA VITA

First edition. July 3, 2020.

Written by Prasenjeet Kumar.

Sommario

Lascia Che Ti Racconti Una Storia...

Questa storia racconta di un uccello.

Lei non era un uccello comune.

Secondo la leggenda, l'uccello era uno spirito del fuoco con un piumaggio colorato e una coda d'oro.

Visse una vita di cinque o sei secoli.

Questa non era l'unica cosa strana riguardo a questo uccello.

All'avvicinarsi della fine del suo ciclo vitale, lei avrebbe costruito un nido di rametti per immolarsi, ritornando cenere.

Questa però non era la fine dell'uccello.

La sua discendenza sarebbe potuta risorgere dalle ceneri per iniziare un nuovo ciclo vitale.

Quest'uccello divenne un emblema di immortalità o di speranza o idealismo di rinascita.

Si è arrivati ad associarlo ad una persona o cosa che si sia rigenerata dopo aver sofferto calamità o apparente annientamento.

L'uccello era chiamato Fenice.

Ora Lascia Che Ti Racconti Un'Altra Storia...

———

Questa storia riguarda un giovane e idealista tirocinante avvocato dagli occhi grandi.

Chiamiamolo PK.

Un giorno, l'ufficio risorse umane dell'azienda assegnò PK ad assistere un socio anziano conosciuto con il nome di "Signor Tardi Nottelcolista".

Un tipo dalla calvizie incipiente di mezza altezza, con occhiali con la montatura e una pancetta sporgente, il signor Tardi Nottelcolista nei suoi precedenti lavori con altre aziende legali aveva appreso un trucchetto preciso: se fingevi con i tuoi superiori di stare lavorando più ore dei colleghi tuoi pari, potevi ricevere una buona accoglienza.

Questo significava che il signor Tardi Nottelcolista rimaneva lunghe ore in ufficio persino quando NON c'era niente da fare.

Non solo, per mostrare la propria importanza, faceva rimanere seduti fino a tarda notte anche i suoi subalterni senza considerazione per il loro carico di lavoro. Quando si sentiva generoso gli concedeva di lasciare presto l'ufficio, che voleva dire dopo le 7 di sera.

Il signor Tardi Nottelcolista era solito asserire che questo era il principio non esplicito su cui operavano la maggior parte delle aziende.

Non avete sentito parlare della frase "fare il miglio in più"? - domandava.

"Per un socio anziano e impegnato, significa semplicemente il numero di ore che dedichi al lavoro, OLTRE le normali ore d'ufficio", spiegava quando si sentiva espansivo.

Nessuno lo dice ma è così che ti fai "notare" alla lunga, sosteneva.

Inoltre tutti i bonus e le promozioni dipendono dalle ore che hai trascorso in ufficio.

Il signor Tardi Nottelcolista era il centro delle chiacchiere dell'ufficio, lo sapeva e se ne divertiva.

Sorprendentemente, benché stesse sveglio fino a tardi, oziava costantemente.

I tempi di consegna venivano disattesi e ciò rendeva furiosi i clienti. Una volta furono spediti dei documenti sbagliati creando un forte disagio. Ma il signor Tardi Nottelcolista era incorreggibile e continuava ad imporre false scadenze.

Urlava al lupo per far sembrare urgente qualcosa quando questo poteva benissimo non essere più necessario o senza alcuna importanza.

Con PK la routine era la stessa.

Lasciava PK senza lavoro fino alle 6:30 di sera, e quando era ora di chiudere la giornata, arrivava con qualche consegna facendola apparire urgente.

PK provò a contrattare con lui proponendo il lavoro da casa, ma senza riscontro. Infatti, ciò irritò tanto il signor Tardi Nottelcolista che minacciò di rovinare la valutazione di PK.

Alcuni colleghi di PK gli consigliarono di incontrare il Capo Ufficio in persona per spiegargli.

Ma il Capo Ufficio sembrava molto occupato e non aveva tempo per incontrare nessuno.

Lo stesso PK si sentiva un po' a disagio a dover parlare faccia a faccia al Capo Ufficio, soprattutto quando seppe che anche ottenendo l'opportunità di parlare per spiegare i suoi problemi, sarebbe stato per meno di 20 secondi. PK capiva che in così poco tempo sarebbe sembrato uno che si lagna inutilmente, per di più contro i suoi superiori.

Così il signor Tardi Nottelcolista continuava ad opprimerlo, e PK, non essendo esattamente la persona che si faceva sentire di più intorno, vi si rassegnò.

Finché arrivò il giorno che PK non ce la fece più.

PK rincasò di notte tardi, assillato dai problemi e depresso, e decise di dire tutto a suo padre.

Il padre di PK lo ascoltò pazientemente e poi gli chiese di scrivere tutto questo in una specie di agenda degli eventi, con data, orario, evento e il perché consideri il tutto così irragionevole.

Così PK iniziò a tenere un registro di tutti gli eventi che capitavano tra lui e il signor Tardi Nottelcolista.

Digitava questi eventi in un documento word e non fece nient'altro. Una pagina tipo dell'agenda diceva così:

*"**21 Giugno 2010**: ho finito il mio lavoro sull'IPO e ho lasciato l'ufficio alle 6.30 p.m. [signor Tardi Nottelcolista] mi ha chiamato alle 6.45 p.m. per chiedermi di ritornare urgentemente perché voleva che riesaminassi una Correzione Consensuale.*

Gli ho chiesto se poteva inviarmi il documento per e-mail affinché potessi riesaminare il documento da casa, mettere in evidenza le modifiche e rispedire la mail al [signor Tardi Nottelcolista]. [Lui] mi ha detto di non avere una copia soft della Correzione Consensuale ma solo una copia a stampa lunga 500 pagine. Ho fatto come se non potessi sentirlo chiaramente per delle interferenze sulla linea e ho deciso di non ritornare indietro.

***22 Giugno 2010:** ho chiesto [al signor Tardi Nottelcolista] del documento che avrei dovuto riesaminare il giorno precedente. Con mia sorpresa, [signor Tardi Nottelcolista] prima non riusciva a ricordare quale fosse esattamente l'urgenza e poi si ricordò e mi inviò prontamente per e-mail lo stesso documento di cui asseriva di non possedere una copia soft, la sera precedente. Inoltre il documento non era lungo 500 pagine ma solo 10.*

"Questa è pura molestia!"

6

PK si stava stancando delle buffonate del signor Tardi Nottelcolista.

Questi avrebbe sempre gridato al lupo e non avrebbe permesso che PK lavorasse da casa o almeno lasciasse il lavoro ad un'ora decente.

Un giorno, PK e signor Tardi Nottelcolista andarono ad una riunione con dei clienti nel pomeriggio e ritornarono in ufficio alle 7.30 circa.

PK aveva un forte mal di testa. Così, lasciò l'ufficio senza cercare l'autorizzazione del signor Tardi Nottelcolista, che PK sapeva benissimo non sarebbe comunque arrivata.

PK inoltre tenne il telefono cellulare in modalità silenziosa; e quando il signor Tardi Nottelcolista chiamò, lui non rispose.

PK arrivò a casa sentendosi un po' colpevole. Aveva questo nauseante presentimento che qualcosa di male stesse per succedere.

Smettendo di preoccuparsi, PK si lavò il viso, andò a fare due passi nel parco per prendere una boccata d'aria fresca, cenò e ricominciò a lavorare ai suoi appunti.

La casella di posta di PK era aperta.

All'improvviso arrivò una e-mail dal Capo Ufficio che chiedeva a PK di presentarsi nel suo ufficio il mattino seguente per spiegare il suo "bizzarro comportamento" di rifiutare di assistere i suoi superiori.

La mail proseguiva minacciando che se PK non si sarebbe presentato il mattino seguente, il Capo Ufficio sarebbe stato costretto a intraprendere "un'azione più forte".

Il cuore di PK gli saltò in bocca.

Si sentì bruciare e ridursi in cenere come la mitica Fenice.

PK aveva molta paura..

Con nessun'altro a cui rivolgersi, PK prese un po' di coraggio per mostrare la e-mail a suo padre.

Il padre di PK si ricordò dell'episodio di cui gli aveva accennato PK e gli chiese notizie dell'agenda che avrebbe dovuto redigere.

"è ora che ti tiri su e condivida la tua versione della storia con il Capo Ufficio", consigliò il padre di PK, piuttosto prosaico.

"E se così facendo le cose vanno peggio? Dopo tutto, questo è il mio primo lavoro", controbatté PK.

"Figlio, sembra che stiano già pianificando di prendere azioni contro di te. Se rimani zitto, non solo perderai il lavoro ma sarai anche inascoltato e dimenticato. Quindi, se stai per perdere il lavoro in ogni caso, è meglio andare giù combattendo che arrendendosi a un prepotente", disse il padre di PK.

PK quindi scrisse la sua risposta, copiando e incollando accuratamente parti dell'agenda che aveva redatto nel corso di mesi.

Per ora la sua risposta era cresciuta di dieci punti, ognuno dei quali provava che signor Tardi Nottelcolista era un prepotente abituale e un sadico che dava falsi allarmi in continuazione e demotivava i subordinati, non agendo nel miglior interesse dell'azienda.

PK gli dette un'ultima occhiata e premette il tasto invio.

La e-mail era andata. Non giunse risposta.

PK andò a letto piuttosto depresso e stressato.

Non sapeva se aveva fatto la cosa giusta. Avrebbe dovuto assecondare l'ego di signor Tardi Nottelcolista ancora un po' di più, ancora per un po'?

Sorprendentemente, la risposta fu un sonoro "No!"

Avrebbe dovuto iniziare a cercare un altro lavoro?

PK continuò a girarsi da una parte all'altra. Si sentiva come se lo stessero trafiggendo con qualche centinaio di coltelli.

Stranamente il padre di PK sembrava molto rilassato.

Non si preoccupava che suo figlio presto avrebbe perso il lavoro.

In effetti, sembrava essere piuttosto soddisfatto di vedere suo figlio resistere ai prepotenti nel suo modo calmo e potente.

Quando al mattino PK si svegliò, la prima cosa che fece, prima ancora di lavarsi i denti, fu di controllare il suo BlackBerry. Sì, c'era un altro messaggio dal Capo Ufficio.

Era una sola riga: "Lavorare con [signor Tardi Nottelcolista] per lei è un problema?"

PK si sentì sollevato, solo un po'.

Pareva che il Capo Ufficio avesse in qualche modo visto come la pensava. Aveva presunto che qualsiasi cosa signor Tardi Nottelcolista avesse detto al Capo Ufficio era solo una mezza verità e capì che era in corso una specie di lotta tra il signor Tardi Nottelcolista e PK.

Allora non tutto era perduto, sperava PK.

Quel giorno PK raggiunse presto l'ufficio.

Signor Tardi Nottelcolista era già dentro e chiamò PK immediatamente nel suo scomparto e iniziò ad urlargli per quale ragione la sera precedente avesse lasciato l'ufficio senza informarlo.

Improvvisamente suonò l'interfono del signor Tardi Nottelcolista.

Era il Capo Ufficio. Voleva che signor Tardi Nottelcolista lo incontrasse immediatamente.

La seduta durò circa mezz'ora, dopo la quale PK poté vedere signor Tardi Nottelcolista asciugarsi il sudore dalla fronte.

Quindi fu convocato PK.

PK pensò che ora fosse il suo turno per sudare.

Fu, invece, stupito di vedere che il Capo Ufficio era molto calmo, diversamente dalla notte prima quando gli aveva scritto quella brutta lettera.

Diede ascolto pazientemente a PK. Nel mezzo fece alcune considerazioni sarcastiche ma quando PK terminò, sembrava comprendere il punto di vista di PK.

"Vedo che ha un problema. Ne parlerò all'ufficio HR e risolverò la questione", disse il Capo Ufficio.

PK si girò per andarsene.

"Ad ogni modo, le sue qualità di scrittura sono veramente buone. La sua e-mail era vivace, pertinente e sembrava scritta da un avvocato inglese", si complimentò il Capo Ufficio, lui stesso un ex studente di Oxford.

PK era sbalordito. Ritornò alla sua scrivania e non poté fare a meno di sogghignare da un orecchio all'altro.

Da una situazione completamente disperata, PK era appena risorto come la Fenice, letteralmente dalle ceneri.

P.S.: Quella fu l'ultima volta che PK parlò al signor Tardi Nottelcolista. Fu deciso che i due non lavorassero più assieme.

Il signor Tardi Nottelcolista cercò di essere amichevole con PK.

Disse a PK che lo vedeva come un amico e che non voleva danneggiarlo in alcun modo.

Ciononostante, al signor Tardi Nottelcolista, dopo un mese, fu chiesto di lasciare l'azienda.

Morale della Storia

PK considerò seriamente quale sarebbe stato il risultato se fosse rimasto tranquillo, come gli aveva suggerito la maggior parte dei colleghi, e non avesse spedito quella e-mail?

E se non avesse mantenuto così meticolosamente un'agenda completa degli eventi?

La risposta che arrivò era ovvia.

PK sarebbe stato notato negativamente per aver rifiutato di obbedire ai suoi superiori.

Sarebbe stato marchiato come scansafatiche, un piagnone, uno che non voleva fare 'il passo in più'.

E sicuramente PK sarebbe stato licenziato quella stessa mattina.

I: Spiegazione di "Fenice Tranquilla"

———

Hai indovinato!

Si, quel PK nella storia che ho appena raccontato si riferisce al sinceramente tuo, Prasenjeet Kumar.

Allora perché mi sto esponendo su "Fenice Tranquilla"?

La frase 'risorgere dalle ceneri come una Fenice' è stata usata come metafora in molte diverse circostanze.

Una delle circostanze è quella in cui ti ergi sopra qualsiasi situazione bassa/triste lungo la strada per diventare felice e realizzato.

D'altra parte, la parola 'tranquillo' viene usata per indicare persone tranquille o introverse come me; laddove, nota bene, la parola 'introverso' non è più un termine denigratorio riferito a persone timide e dalla lingua legata, carenti nell'interazione sociale.

Se hai letto il bestseller di Susan Cain "Quiet: The Power Of Introverts in a World That Can't Stop Talking", potresti già avere familiarità con ciò di cui sto parlando.

A coloro di voi che potrebbero ancora essere incerti su ciò che significa 'introverso', non penso di dovervi annoiare con la storia dell'origine delle parole 'estroverso' e 'introverso'.

O come sia stata usata in passato e quale tipo di ricerca estensiva sia stata fatta su questi due tipi di personalità da Carl Jung e molti altri eminenti psicologi.

Un introverso ora è stato definito come qualcuno che si interessa del mondo interiore, dei pensieri e delle sensazioni.

Sì, un introverso è ancora uno che preferisce stare da solo. Ma ciò non significa che un introverso odia le persone o ha poche abilità sociali.

Al contrario, gli introversi amano le persone ma spesso sono stremati se trascorrono troppo tempo a socializzare.

Un introverso ha bisogno di passare del tempo da solo, come si dice volgarmente, per ricaricare le batterie.

Ciò è diverso dalla sua controparte estroversa che "si ricarica" partecipando alle feste o stando in compagnia.

Ciononostante, un introverso ha dei poteri speciali che sono spesso sottovalutati sia negli ambienti sociali che nei luoghi di lavoro.

Gli introversi hanno sorprendenti poteri di concentrazione, capacità di ascolto, e una capacità di nutrire profonde relazioni con amici e clienti.

è interessante che gli introversi esprimano se stessi meglio con la scrittura che con la voce. Questa potrebbe essere una delle ragioni per cui molti grandi scrittori sono degli introversi.

Ora, ritornando alla definizione 'Fenice Tranquilla', gli introversi in un posto di lavoro potrebbero spesso sentirsi discriminati o sottovalutati.

Potrebbero sentire che le loro controparti estroverse siano migliori di loro nel vendersi ai loro capi e nel progredire.

Alcuni di noi introversi potrebbero non essere perfettamente a proprio agio negli ambienti open space che oggi sono comuni nella maggioranza degli uffici.

Nelle sedute di brain-storming le nostre idee spesso non si sentono perché tendiamo a parlare a voce bassa o siamo interrotti a metà dai nostri amici estroversi impazienti. Così, il nostro fallimento nel "contribuire" può sembrare ai capi come una mancanza di entusiasmo.

Lunghe ore di lavoro potrebbero non essere adatte per molti di noi. Spesso siamo sfiancati dagli eventi di networking, che vanno avanti fino a tarda notte.

I cambiamenti nello scenario economico possono peggiorare questi problemi. L'esubero di posti di lavoro è diventato comune dopo la crisi finanziaria globale del 2008. È diventato molto facile perdere il lavoro e decisamente molto difficile ottenerne uno nuovo. Questo ha colpito chiunque, sia estroversi che introversi.

Quando qualcuno perde un lavoro è sempre una calamità.

Come farai ora a pagare le bollette?

Per quanto tempo ora dovrai gravare finanziariamente sui membri della tua famiglia o il tuo coniuge, anche se sono di grande sostegno per te?

Cosa dirai alle persone quando ti chiedono come va il lavoro?

Se sei introverso, potresti dover lottare con i tuoi sentimenti perfino di più. Potresti biasimarti per la tua mancanza di abilità nel venderti ai potenziali datori di lavoro.

Potresti domandarti come avresti potuto compiacere di più i tuoi capi nel tuo precedente posto di lavoro. Tu sai che lavorare lunghe ore senza necessità ti fa star male ma avresti dovuto resistere un po' più a lungo?

Avresti dovuto parlare a voce più alta durante quelle spaventose sessioni di brainstorming?

Avresti dovuto sforzarti di restare più a lungo durante gli eventi di networking?

Magari sei un po' goffo e quindi sei incapace di lasciarti andare negli eventi sociali.

Magari ti è mancato l'entusiasmo per avere successo nel tuo posto di lavoro.

Quindi, forse sei un incompetente, e non meriti di essere confermato.

Il momento in cui lotti con i tuoi sentimenti e tali aspri, negativi e deprimenti pensieri è ciò che ho chiamato inizialmente 'la situazione bassa/triste.'

Quindi come una Fenice, come fai (da persona introversa o tranquilla) a ergerti su tutto e muoverti verso un cammino di felicità e gioia lasciandoti dietro tutta la vecchia zavorra?

Per questo ho scritto 'Fenice Tranquilla', per aiutarti a farlo.

Se ti piace veramente il tuo attuale lavoro, potresti trovare in questo libro alcune dritte molto utili per brillare nella tua professione.

Se, invece, credi che questo non sia ciò che devi fare nella vita, allora potresti anche trovare in questo libro delle idee che potrebbero aiutarti a cambiare il corso della tua carriera (come ho fatto io).

In questo libro condivido la mia storia e il mio viaggio dal diventare un Avvocato Aziendale a autore-imprenditore a tempo pieno.

Forse anche tu sarai ispirato dalla mia storia e un giorno scriverai la tua storia ispirazionale di coraggio, determinazione e trasformazione.

"È meglio far capitare il fallimento presto nella vita. Esso risveglia l'uccello Fenice in te in modo che ti faccia ergere dalle ceneri."

—Anne Baxter

II: Chi sono e cosa ha cambiato la mia vita

"**I**o sono l'unica persona al mondo che mi piacerebbe conoscere a fondo".

—**Oscar Wilde**

Consentimi di parlarti un po' di me.

Attualmente sono un autore, blogger e imprenditore. Ho già scritto, pubblicato e piazzato tre libri in sei mesi.

Nessuno dei miei libri assomiglia a quei pamphlet da 20-50 pagine che oggi riempiono di spazzatura il mercato degli eBook. Il mio primo libro era lungo 200 pagine (approssimativamente 27.000 parole), il secondo 308 pagine (circa 37.000 parole) e il mio terzo libro era lungo 297 pagine (36.000 parole circa).

Potresti sorprenderti nel sapere che tutti questi tre erano libri di cucina basati su ricette della mia cara mamma. Ma non sono un cuoco per formazione, attitudine o inclinazione.

Effettivamente sono un avvocato d'azienda con una Laurea LLB dello University College London, e un Diploma di Legal Practice Course (LPC) del College of Law, Bloomsbury, di Londra.

Ho anche avuto la mia parte di mansioni legali aziendali in Londra e Delhi per circa tre anni.

Quindi mentre rimango piuttosto riluttante ad essere etichettato come "autore di ricettari", ho bisogno di sottolineare che una bella mattina, ho proprio sentito un forte desiderio: di non catalogare soltanto le ricette tradizionali della mia famiglia, che io reputo innovative, ma anche di aiutare persone impegnate a creare dei pasti da cucinare all'improvviso, in un batter d'occhio.

Amo scrivere di cose che mi appassionano veramente.

Credo che i miei scritti dovrebbero aiutare a cambiare per sempre le vite delle persone (in meglio, naturalmente!).

Per me la scrittura è anche un'esperienza veramente liberatoria. Può guarire vecchie ferite e nel processo di influenzare gli altri, può portare un sacco di significato alla tua vita.

Vivo in India, nel nord, vicino all'Himalaya. Amo le montagne con il loro clima temperato, le vette coperte di neve, foreste di pini e abeti, fiori di ciliegio e pesco e i verdi pascoli.

Potresti dedurne (molto accuratamente) che sono un amante della natura. Preferisco trascorrere il tempo camminando sui monti che partecipando a feste in pub e night club.

Questo non è per dire che odio gli esseri umani. Ho alcuni amici con cui ho forgiato relazioni estremamente profonde.

Mi piacciono le interazioni uno-ad-uno con qualcuno dei miei amici molto stretti. Questo può davvero darmi la carica (e forse tirar fuori una piccola parte estroversa di me).

Inoltre, preferisco instaurare relazioni di lunga durata rispetto all'avere incontri da una notte e via.

Mi piace il buon cibo, il cioccolato e il formaggio. È una ragione per cui non è stato un problema iniziare la carriera di scrittore con libri di cucina.

Comunque, non sono un tipo casalingo.

Mi piace fare tutti i tipi di esercizio: cardio, upper body, lower body, core, flessibilità ed equilibrio con il Pilates sono i miei preferiti. Preferisco l'allenamento funzionale all'esercizio con le macchine, perché sento che il primo è più naturale e stimola un senso di profondo benessere spirituale.

Ho già menzionato di essere un autore imprenditore.

Questo vuol dire che non devo solo amare la scrittura ma anche focalizzarmi sulla pubblicazione e il marketing dei miei libri. Però non è stato sempre così.

Qualche anno fa, i miei sogni (presumibilmente) erano completamente diversi.

Dagli anni dell'adolescenza ho sempre voluto essere un avvocato d'azienda.

Mio cugino era un avvocato d'azienda negli Stati Uniti.

Nel 2000, quando visitai gli Stati Uniti, ero veramente incantato dagli sgargianti uffici di Legge di New York con le loro finestre scintillanti di vetro bianco e gli ascensori ad alta velocità.

Avevo anche sentito che gli avvocati d'azienda guadagnano molto bene con salari a cinque zeri e compensi che farebbero sbavare chiunque.

Anche gli affari transnazionali multimilionari sembravano interessanti.

Naturalmente (o innaturalmente potrei dire ora) volevo essere in prima fila di questo settore molto aggiornato (come scrissi allora in uno dei miei moduli di richiesta lavoro).

Ho studiato Filosofia per il mio BA (Honours) al St. Stephens College di Delhi e poi Legge allo University College London in Inghilterra (a proposito, i certificati inglesi in legge sono riconosciuti dal Bar Council of India).

Trovai la versione accademica della legge molto stimolante intellettualmente. Le discussioni e i saggi ruotavano attorno ogni genere di complessità legali, problemi etici, relativismo (come ciò che è giusto in un contesto, risulta totalmente assurdo in un altro contesto) e il tipo di approccio che "ci sono casi in cui non ci sono risposte chiaramente definite" che trovavo estremamente affascinante.

Mi sono anche fatto delle buone amicizie durante i miei giorni all'università con cui sono ancora in contatto.

Quindi, una carriera in legge sembrava la giusta opzione per me. Poco sapevo allora che una cosa era godere intellettualmente della conoscenza della Legge e ben altra cosa era lavorare in un'azienda di Diritto Societario.

Nel 2009 ritornai in India e mi unii ad un'azienda legale a Central Delhi.

Come introverso, ho patito qualche svantaggio (benché al tempo non me ne rendessi conto).

I miei colleghi erano più svegli nel vendersi (anche se io facevo la maggior parte del duro lavoro).

Star seduto a lavorare lunghe ore risucchiava le mie energie.

In genere non c'era tempo per rilassarmi e ricaricarmi.

Molte volte lavoravamo il sabato, le domeniche e i giorni festivi per rispettare le scadenze stringenti. Se evitavi anche solo una di queste 'vacanze di lavoro', era visto come un segno della mancanza di impegno.

Eppure, mi ero impuntato di completare tutti i miei incarichi in tempo, attenendomi ai tempi e perfino prendendo qualche iniziativa, che passò inosservata!

Ma a prescindere da quanto duramente ci provassi, proprio non potei evitare di diventare una vittima degli accoltellamenti alle spalle e del favoritismo della società (ne parlerò meglio nei capitoli seguenti).

Questo non significa che non ci fossero dei momenti positivi.

Uno dei Corporate Law Partners apprezzò le mie capacità di stendere un documento, scrivere e fare ricerche.

La mia capacità di completare tutti i miei incarichi per tempo era riconosciuta.

Una delle ricerche che feci era considerata pioneristica.

Le presentazioni in power point che feci occasionalmente furono ricevute molto bene.

La mia capacità di individuare potenziali problemi nell'analisi dei conti era tenuta in gran conto.

Soprattutto, ero considerato un lavoratore affidabile, un membro importante della squadra.

Ciononostante, lo stress esigeva un vero tributo dalla mia vita. Mi sentivo estremamente stanco (alquanto inusuale per me) le sere quando rientravo a casa, e mi sentivo in colpa a lasciare l'ufficio 'presto'.

Lo stress risultante dalle pressioni lavorative peggiorò a causa di coltellate alle spalle e scaricabarili.

Iniziai a soffrire regolarmente di mal di testa e nausea. Nel mio tragitto verso l'ufficio, iniziavo a sentire la testa leggera. I membri della mia famiglia stavano notando questo cambiamento nel mio comportamento.

Stavo perdendo la fiducia in me stesso e diventavo sempre più insicuro.

Benché fossi considerato la persona più in forma del mio ufficio, come qualcuno che poteva salire undici piani senza perdere fiato, iniziai ad avere terribili mal di schiena.

Era come se il mio corpo si stesse facendo largo.

Il venerdì, ero sollevato di potermi godere i fine settimana.

Il sabato, temevo il pensiero dell'inizio del lavoro il lunedì.

Piuttosto che godermi il mio lavoro, stavo diventando più ossessionato dal dover salvare il mio lavoro.

I miei livelli di stress aumentavano di giorno in giorno e non sapevo neppure se ci fosse una via d'uscita.

Lasciare il tuo lavoro e sedere a casa senza un reddito non era affatto un'opzione.

Poi venne il giorno del giudizio.

Nel 2011, gli affari della Corporate Law iniziarono a prosciugarsi (comprese le economie emergenti come l'India).

Alcune delle ragioni citate furono la paralisi del governo nell'introduzione di riforme favorevoli all'economia e il rallentamento globale.

I mercati erano altamente volatili e le compagnie prestavano attenzione nell'entrare in affari riguardanti Fusioni e Acquisizioni o Mercato Finanziario.

Io ero nella squadra di Mercato Finanziario e nessuna compagnia era intenzionata a farsi avanti con un'IPO ("initial public offering", offerta pubblica iniziale).

Alcuni di voi potrebbero non comprendere questo gergo, ma non preoccupatevene: non ne avete affatto bisogno.

Per farla breve non c'erano nuove 'faccende' in arrivo.

Di conseguenza, gli impiegati venivano sospesi dal lavoro, tutt'attorno a me. Persero il lavoro anche molti miei amici estroversi.

In una riga, stavamo diventando tutti troppo costosi per l'azienda.

Venne un giorno in cui pure a me fu chiesto di andar via.

Potreste chiedervi come ci si sente a perdere il lavoro. Ero arrabbiato, depresso, mi sentivo umiliato o sotto shock?

No! Quando avvenne, mi sentii alquanto liberato e alleggerito.

I miei livelli di stress avevano raggiunto un livello in cui sentivo che stavo per avere un esaurimento nervoso.

Ora non avevo bisogno di temere il pensiero di andare in ufficio ogni lunedì mattina.

Ero sinceramente grato di non dover avere a che fare con il mio infido capo squadra e i colleghi che ti criticano alle spalle.

Fondamentalmente, ero felice di poter ritornare ad essere quello che sono realmente.

Così effettivamente l'ho presa come una benedizione mascherata.

Ora potrei avere abbastanza tempo a casa per ringiovanire, per riflettere veramente su cosa volevo dalla vita.

Come azione riflessa ancora continuavo a spedire il mio curriculum a qualche azienda legale.

La maggior parte non rispose e non ottenni un lavoro da quelle che mi intervistarono.

L'unico lavoro che potevo acciuffare era quello di consulente legale interno in un'agenzia immobiliare, dove ero l'unico impiegato della cellula legale!

Benché avessi accesso diretto al Presidente e a tutti i Direttori dell'agenzia, il lavoro non era divertente. Me ne sono andato dopo appena tre mesi di pura noia.

Iniziai a rendermi conto di essere ben lontano dall'appassionarmi al lavoro legale.

Forse per questa ragione ero incapace di dimostrare entusiasmo perfino quando cercavo di mostrare interesse.

Anche l'azienda con cui lavorai inizialmente aveva giocato un ruolo importante nel distruggere il mio senso di iniziativa e originalità.

Mi ero sempre considerato una persona creativa. Nella mia scuola e all'università mi divertivo a scrivere e recitare. Sono entrambe attività fantasiose.

Nella recitazione si usano la voce, dialoghi e gesti per comunicare un'emozione.

Nella scrittura per fare la stessa cosa si usano le parole.

Sapevo a cosa andavo incontro.

Eppure, non volevo intraprendere la recitazione come professione a tempo pieno o spostarmi a Bollywood. Mi unii ad un seminario di recitazione per un mese ma terminai lì.

Nel tempo libero, iniziai a imparare su blogging, progettazione di siti internet e social media marketing.

Quindi iniziai un blog con le ricette di mia madre.

In parallelo, continuavo ad istruirmi sul mestiere di autopubblicazione, compresa la progettazione di copertina, a formattare e-book e libri in brossura, e a pubblicarli.

Questo in se stesso non sarebbe sfociato nello scrivere questo libro.

Poi lessi il libro di Susan Cain, "Quiet: The Power of Introverts in a World That Can't Stop Talking" che trasformò la mia vita per sempre.

Ero vagamente consapevole dei miei poteri latenti ma non mi rendevo conto che ciò che avevo o le mie esperienze erano dovuti al mio essere introverso.

Susan nel suo libro scende nel dettaglio riguardo ai doni dell'essere introverso. Con un'estesa ricerca medica e psicologica e interviste, giunge alla conclusione che gli introversi sono dotati di potente forza di concentrazione, e sono relativamente immuni dalle lusinghe di ricchezza e status.

Preferiscono dedicare le loro energie sociali agli amici stretti, colleghi e famiglia. Ascoltano più di quanto parlino, pensano prima di esprimersi, e spesso pensano di riuscire meglio nella scrittura che nella conversazione.

Tendono anche ad evitare i conflitti. Inoltre, un introverso ha più probabilità di essere fedele al suo/sua compagno/a, è meno propenso a correre dei rischi ed è più perseverante delle sue controparti estroverse specialmente quando le circostanze diventano difficili.

Penso sia impossibile riassumere il libro di Susan Cain in appena poche righe. Sollecito fortemente chiunque, specialmente coloro che sono marchiati come introversi, di leggere quel libro e trasformare sé stessi.

Ho trovato che le sue parole mi hanno guarito, specialmente quando dice:

"Se sei introverso, trova il tuo flusso usando i tuoi doni. Hai il potere della perseveranza, la tenacità per risolvere problemi complessi, e la chiarezza di visione per evitare trappole che colgono in fallo gli altri. Godi di una relativa libertà dalle tentazioni di premi superficiali come denaro e status. Invero la tua sfida più grande potrebbe essere di imbrigliare pienamente le tue forze. Potresti essere talmente occupato ad apparire come un gustoso estroverso sensibile alle ricompense da sottovalutare i tuoi talenti, o sentirti sottovalutato da chi ti circonda. Ma quando sei

focalizzato su un progetto di cui ti importa, probabilmente trovi che le tue energie siano infinite.

Quindi resta fedele alla tua natura. Se ti piace fare le cose in maniera lenta e sicura, non permettere agli altri di sentire che dovresti correre. Se ti piace la profondità, non forzarti a cercare ampiezza. Se al multi-tasking preferisci fare una cosa alla volta, sii irremovibile. Non lasciarsi smuovere dalle ricompense ti da il potere incalcolabile di andare per la tua strada. Sta a te usare quell'indipendenza per un buon risultato."

Queste furono le parole magiche che risvegliarono l'uccello Fenice dentro di me. La Fenice era infine rinata dalle ceneri.

Queste parole mi motivarono a scrivere delle mie esperienze.

L'idea non è solo di guarire me (cosa che il tempo ha già fatto) ma anche di consolare gli altri con le mie esperienze.

III: Lo Scopo di Questo Libro

L'intenzione di scrivere questo libro è per aiutare gli introversi (più in particolare) ad usare i loro doni innati sia per avere successo nelle carriere che si sono scelti sia per cambiare carriera con successo.

Mantenere il lavoro è diventato estremamente difficile dopo la crisi finanziaria globale del 2008. Il mondo sviluppato è stato colpito duramente. Anche altre parti del mondo (comprese economie emergenti come India, Cina, Brasile, Russia e Sudafrica) hanno risentito di questo tracollo globale.

L'esubero di personale è diventato molto comune. Puoi perdere il lavoro da un momento all'altro e potresti non ottenerne un altro facilmente.

In questo scenario, le spietate pugnalate aziendali alle spalle (che ci sono sempre state) sono diventate perfino più cospicue che mai. I tuoi colleghi potrebbero semplicemente essere alla disperata ricerca di qualcosa da fare che li avvantaggi su di te, e tu potresti essere l'ultima persona a fiutare ciò che hanno tramato alle tue spalle.

Gli introversi sono già in svantaggio nel luogo di lavoro. La cultura aziendale (dalle grandi multinazionali alle imprese più piccole) idealizzano un ego estroverso, un uomo coraggioso, assertivo, che si auto rassicuri, qualcuno che possa occupare il centro del palcoscenico.

Ciononostante, la ricerca condotta da autori quali Susan Cain, Jennifer Kahnweiler, Sophia Dembling e molti altri, si è conclusa stabilendo l'esistenza dei poteri speciali di cui gli introversi sono naturalmente dotati.

Questo libro cerca semplicemente di renderti consapevole di quei punti di forza e ti suggerisce come poter usare quei poteri a tuo vantaggio in un ambiente lavorativo.

Ovviamente, dovresti anche considerare se il tuo posto di lavoro attuale ti dia l'occasione giusta per usare efficacemente i tuoi unici poteri.

Per favore, concentrati sulla domanda.

Invece di domandare se stai usando efficacemente i tuoi poteri a lavoro, sto domandando se il tuo posto di lavoro ti fornisce un'opportunità di usare efficacemente i tuoi poteri.

Questo potrebbe voler dire, ad esempio, che potresti essere bravo a scrivere rapporti ma potresti venire valutato soltanto per i tuoi contributi nelle sessioni di brainstorming in cui potresti non essere tanto bravo.

Oppure potresti essere bravo a rispettare le scadenze con risultati di qualità ma vieni giudicato in maniera sbagliata perché non trascorri lunghe ore in ufficio, che potrebbe essere il criterio di valutazione preferito nella tua azienda.

Se senti che il tuo ambiente di lavoro non ti incoraggia ad usare efficacemente i tuoi poteri, potresti progettare o scegliere il tuo luogo di lavoro?

Questo ci porta alla seconda domanda da cento milioni di dollari: cosa vuoi veramente ottenere nella vita?

Non essere timido ora.

Lo so che qualche amico e parente riderà all'idea di te che diventi artista, scrittore, pittore, attore, musicista o perfino imprenditore.

Ti diranno che la maggior parte degli artisti non guadagna niente e coloro che lo fanno sono appena uno su un milione.

Quindi, il tuo indice di successo è molto basso. Si sta meglio ad essere un banchiere, un consulente informatico o un avvocato d'azienda.

Ma se il tuo indice di successo nell'ultimo caso è basso quanto nel primo, a causa del tracollo globale e un milione di altri fattori che non puoi controllare, né porvi rimedio?

Non saresti felice di essere nella prima categoria di artisti (io credo che anche gli imprenditori siano artisti)?

Almeno potresti essere te stesso.

Non dovrai più sprecare la tua energia fingendoti più estroverso, dimostrando (mendacemente?) ai tuoi capi quanto sei appassionato al tuo lavoro.

E, ancora più importante, potresti lavorare in un ambiente dove puoi usare i tuoi doni naturali con competenza rendendoti perciò un essere umano più felice e spiritualmente contento.

Tieni a mente anche che una cosa estremamente sensata da fare potrebbe essere spostarsi verso un industria relativamente immune alla crisi globale.

La gente continuerà a guardare film, ascoltare musica, leggere libri, preoccuparsi della propria salute, ricchezza e relazioni anche quando le grandi multinazionali volessero predisporre comitati per suggerire se entrare nel mercato azionario, acquisire un nuovo business o ristrutturarsi.

Un elefante ispira sempre soggezione a guardarlo da una certa distanza ma è sempre il piccolo agile gatto che gode dall'avere nove vite.

Il mondo ha bisogno sia di elefanti che di gatti, certamente. Io, quindi, non posso suggerire che diventiate tutti artisti o scrittori.

La decisione sta a voi, a seconda dei vostri talenti, punti di forza e inclinazioni.

In questo libro, comunque, condividerò la mia storia di sopravvivenza in un ambiente societario che spero possa indicarvi un sentiero per la vostra 'liberazione' dai vostri legami attuali.

Io ero un avvocato societario, per cui innanzitutto fornirò esempi tratti dal lavorare in un'azienda legale societaria. Comunque, non vedo ragione per cui questi discernimenti di senso comune non dovrebbero adattarsi allo stesso modo a un banchiere, un consulente, un ragioniere, un professionista informatico o a chiunque altro.

Questo libro si focalizza sulle strategie che gli introversi possono applicare per sopravvivere in un ambiente lavorativo.

Altri aspetti, quali la maniera in cui gli introversi possono vivere felicemente con gli estroversi, educare bambini introversi, incontrare o fare amicizia con le persone, ecc. non rientrano nell'interesse di questo libro.

Questo non vuol dire che il libro non sia adatto anche agli estroversi.

Gli estroversi sono già bravi a dimostrare entusiasmo, lanciare idee in sedute brainstorming e vendersi bene ai loro capi.

Ma anche loro possono e dovrebbero imparare alcune tecniche 'Tranquille' per operare meglio dei concorrenti.

Se sei felice del tuo lavoro o di qualsiasi cosa tu faccia attualmente, puoi ugualmente leggere questo libro per puro intrattenimento.

Le persone che incontravo nel posto di lavoro erano persone reali, ma erano interessanti come potrebbe esserlo qualsiasi personaggio fittizio.

Dunque, è possibile leggere questo libro da una prospettiva di puro 'divertimento'.

Auguro a tutti voi una felicissima lettura!

Capitolo 1: La Carriera in un'Agenzia di Diritto Societario

—

Consentitemi ora di fare ciò che gli scrittori di narrativa chiamerebbero "predisposizione di una scena" (benché questo non sia esattamente un libro di narrativa).

La scena dovrebbe farvi comprendere meglio le parti più succose che seguono nei capitoli successivi, specialmente le parti sugli accoltellamenti alle spalle e il favoritismo.

Cosa fa veramente un avvocato societario?

Sai cosa fa veramente un avvocato societario?

Io non lo sapevo, quando a scuola sognavo di diventarlo.

La percezione comune dai romanzi di John Grisham, programmi tv come Boston Legal, Ally McBeal e molti film hollywoodiani è che devi pestare i pugni sul tavolo davanti a un giudice (che è presumibilmente ingiusto) e gridare con quanto fiato hai in corpo per stabilire l'innocenza del tuo cliente.

O che dovresti rappresentare una donna anziana che ha sopportato di lavorare in una fabbrica chimica appartenente a una cattiva grande società per azioni che diversamente si dedica a devastare madre Terra solamente per abbellire il suo foglio di bilancio.

Sfortunatamente, niente di così drammatico capita nella vita quotidiana di un avvocato d'azienda.

Potrebbe capitarti l'occasione di mostrare le tue capacità istrioniche in un'aula di tribunale se fossi un avvocato di causa.

Ma in qualsiasi studio legale, è molto probabile che tu rappresenti la grande cattiva casa aziendale piuttosto che la donna anziana, perché sarebbe la prima a potersi permettere di pagarti i conti sproporzionati del tuo studio.

Il lavoro di un avvocato aziendale è molto da scrivania. Scriverai rapporti, informando i clienti (per iscritto, il più delle volte), preparando contratti, e negoziando questi contratti con altri studi legali per conto dei tuoi clienti.

In termini laici, se un cliente, per esempio, vuole fondare un'impresa, o lanciare un'IPO (initial public offer, offerta pubblica iniziale), verrebbe da te perché vorrebbe conoscere le leggi che deve osservare.

Simultaneamente andrebbe in una banca d'investimenti se necessitasse di fondi.

È interessante che sia il cliente che il banchiere di investimenti hanno bisogno di avvocati che si prendano cura dei loro interessi.

Potresti sorprenderti e meravigliarti di come questo lavoro sia diverso da quello di un consulente.

Penso che la differenza principale sia che un consulente informerebbe i clienti su faccende non legali come il rendimento dell'industria, il suo potenziale futuro e il momento opportuno per fare un ingresso o un'uscita, laddove un avvocato aziendale consiglierebbe sugli obblighi legali per fare le stesse cose e i modi legali per girarci attorno.

Dimensioni e Struttura dell'Azienda

Diversamente dagli uffici legali occidentali che impiegano un enorme numero di persone, alcuni di essi hanno addirittura migliaia di avvocati che lavorano in una grande città come New York o Londra, gli uffici legali indiani sono relativamente piccoli. Il più grande aveva solo 400 avvocati in un ufficio. Quello con cui lavoravo io, era situato in Delhi Centro e aveva meno di 100 avvocati (circa 70 a quei tempi).

Gli studi legali sono molto gerarchici di natura. Le tue responsabilità e aspettative sono stabilite dal principio e cambiano molto gradualmente.

Naturalmente, questo potrebbe essere vero per la maggior parte dei posti di lavoro, specialmente gli studi di consulenza dove anche le nomine suonano alquanto simili a quelle che vengono usate negli studi legali.

In India, gli avvocati si uniscono a livello di associato subordinato. Nel Regno Unito si chiamano tirocinanti.

Un associato subordinato deve scalare tre livelli prima di venire considerato per la posizione di socio senior. Questo livelli sono determinati generalmente dal numero di anni trascorsi in uno studio legale.

Così, un associato subordinato al suo primo anno verrebbe considerato come A-1, al suo secondo anno come A-2 e al terzo anno come A-3. La classificazione da A-1 a A-3 è automatica e non dipende molto dal rendimento.

Dal quarto anno in avanti, gli avvocati iniziato ad essere considerati per la posizione di socio senior, in base al rendimento.

Da quella posizione, un avvocato passerebbe al rango di socio principale, quindi un socio partner, prima di diventare un partner a tempo pieno.

Socio partner è la posizione più alta che si può raggiungere in uno studio legale.

Un partner è responsabile della gestione della sua squadra, del trovare nuovi clienti, di negoziare per conto dei suoi clienti, ecc. Qualsiasi documento legale che va spedito a un cliente, è spedito solo dopo che un partner lo approva.

Diversamente da altri avvocati che percepiscono un salario fisso, un partner ha una parte diretta nei profitti dello studio legale. Questa somma può essere enorme (se la tua divisione ha operato bene) ed è per questo che quasi tutti gli avvocati aspirano a diventare partner un giorno.

Generalmente mi sorprendeva che io non avessi alcuna intenzione di farcela fino al livello di partner benché i miei sogni iniziali fossero di diventare un avvocato d'azienda.

Una questione su cui riflettere.

Ritornando al livello di associato subordinato, in teoria, non c'era differenza tra il livello di responsabilità di due associati di livello A-2 (associati di livello del secondo anno). Ci si aspettava che faceste lo stesso tipo di lavoro.

Questo generalmente includeva fare ricerca legale, assistere nell'analisi dei conti delle compagnie, scrivere rapporti legali sull'analisi dei conti e aiutare i soci senior e partner nella preparazione delle bozze di contratti legali.

Quindi tecnicamente avresti dovuto fare lo stesso tipo di lavoro di qualsiasi altro associato del tuo livello anche se presumibilmente eri più competente.

Comunque, in pratica, la realtà che proverò a spiegare in maggior dettaglio nel capitolo 6 (la parte sul favoritismo) era un po' diversa.

Alla fine dell'anno, ad ogni avvocato (eccetto gli associati del primo anno) veniva pagato un bonus in funzione del rendimento proprio e di quello dello studio. In questo modo, un associato poteva vedere il suo salario salire del 5-10% di anno in anno.

I miei genitori, che sono entrambi al servizio del governo, pensarono che questa fosse una maniera di neutralizzare l'inflazione, per chi rendeva bene, che nel governo si faceva attraverso "sussidi di affetto" legati all'inflazione e rivolti a tutti indipendentemente dal loro rendimento.

Struttura della Squadra

Nel mio studio legale, i dipartimenti erano divisi in Aziendale (inclusi Mercati Azionari), Cause, Tasse, Infrastrutture, Concorrenza e Agenzia Immobiliare.

Nel dipartimento Aziendale c'erano quasi 25 associati (senior associati inclusi) e 3 partner. Comunque, qui non c'era una struttura di squadra rigida, col risultato che potevi lavorare su vari progetti con persone diverse.

Quindi, era possibile avere diversi capi e diversi problemi allo stesso tempo.

Una situazione invero alquanto disordinata e caotica!

Più tardi dalla squadra Aziendale fu ricavata una squadra separata conosciuta come "la squadra dei Mercati Azionari" con un partner e altri 2 associati.

Mi ero offerto spontaneamente di unirmi alla squadra Mercati Azionari perché fino ad allora stavo avendo soddisfazione a lavorare con i mercati azionari.

Inoltre pensavo che lavorare in una piccola squadra fosse più adatto al mio stile di lavoro.

Capitolo 2: Lavorare in un Ufficio Open Plan

La mia azienda, come la maggior parte di altri uffici "moderni", ha un ambientazione di lavoro open plan.

L'idea era di assicurare che nessuno 'dormisse sul lavoro', ma in qualche modo io mi sentivo soffocare lavorando in tali spazi aperti e pensavo che soggiogassero la creatività.

Il Concetto di Ufficio Open Plan

Susan Cain ha fatto un lavoro favoloso nello spiegare il perché e come si sia evoluto il concetto di ufficio open plan e perché le grandi compagnie quotate ora non possono avere altro che uffici open plan.

Lei chiama questa apparizione il risultato del fenomeno "Nuovo Pensiero di Gruppo", che è una filosofia che eleva il lavoro di squadra al di sopra di tutto. Il credo sovrastante è che un ufficio open plan renda più semplice agli impiegati la condivisione delle loro idee, lo scambio di note, e la soluzione di problemi creativamente in maniera collaborativa.

Le grandi aziende sono andate a tutta forza ad abbracciare questa filosofia. Così ora quando ti proponi per lavorare con qualsiasi studio legale o compagnia di consulenza, devi dimostrare le tue abilità nel lavoro di squadra e fornire esempi concreti di come sei stato un eccellente lavoratore di gruppo.

Per valutare queste capacità si organizzano discussioni di gruppo e varie altre attività. Anche le forme di valutazione sono strutturate e riflettono la stessa formula "Nuovo Pensiero di Gruppo".

Anche nelle economie emergenti le grandi aziende stanno cercando di imitare le loro controparti occidentali. La sensazione è che siccome le gigantesche compagnie americane seguono il "Nuovo Pensiero di Gruppo" e hanno successo, anche noi dovremmo fare lo stesso per avere persino più successo.

Non c'è bisogno di dire che gli uffici open plan aiutano anche i capi a tenere d'occhio ciò che stanno facendo i loro subordinati. Quanto tempo trascorrono lavorando o su facebook. Quante pause caffè si prendono e chi la sera se ne va a tale ora.

Comunque, adesso credo che il concetto di ufficio open plan sia veramente molto viziato.

Come hanno stabilito molti studi, le scoperte più originali e le innovazioni hanno avuto luogo in ambientazioni di maggior quiete.

È solo in solitudine che ti puoi concentrare, analizzare il tuo rendimento, aggiornare le tue abilità e fare pratica su ciò che hai bisogno di migliorare.

I Problemi che gli Introversi Affrontano negli Uffici Open Plan

Sophia Dembling, autrice di "The Introvert's Way: Living a Quiet Life in a Noisy World" spiega molto bene l'odiata situazione. Lei chiama l'ufficio open plan "cubicolo succhia privacy", aggiungendo che:

"Per noi (introversi) pensare può essere estremamente difficile quando siamo obbligati ad ascoltare le conversazioni telefoniche di tutti gli altri, quando siamo incapaci di evitare che i pettegolezzi d'ufficio si fermino alla nostra scrivania per una piccola scrollata di mascella, quando il silenzio e la solitudine sono del tutto impossibili da approcciare".

La Mia Esperienza Personale con gli Uffici Open Plan

Appena uscito dal college, dove ti siedi con altri 25 studenti, personalmente non ho incontrato molti problemi ad adattarmi ad un ufficio open plan. Inizialmente, non trovavo difficile concentrarmi con attorno delle persone semplicemente perché non pensavo di avere alcun'altra opzione.

I nostri senior erano soliti avere le loro cabine personali. Occasionalmente dovevo sedermi in quelle cabine quando lavoravo con un senior.

Parlando francamente, trovavo gli spazi di quelle cabine buie e chiuse più soffocanti degli uffici open plan.

Mi piaceva essere circondato dalle persone. Questo mi rese anche più semplice socializzare con altri colleghi, avere sporadiche sessioni di pettegolezzo (solitamente sullo stesso capo irragionevole) e prenderci in giro a vicenda.

I miei colleghi erano impegnati la maggior parte del tempo. Per cui potevi vedere chiunque attorno a te digitare alle tastiere, talvolta piuttosto furiosamente.

Davvero non pensavo che un ufficio open plan incidesse sulla mia concentrazione o la mia produttività. E non ero il solo che si sentiva così.

Anche Susan Cain ammette di trovare difficoltà nel digitare persino poche battute nel suo ufficio di casa. La ragione era che si sentiva troppo tagliata fuori dal mondo, seduta da sola in una stanza enorme, addirittura con abbondanza di luce naturale.

Invece, scrisse il suo bestseller nel suo "café preferito nel vicinato pieno di gente". Sentiva che la sola presenza di altre persone nel café faceva fare salti associativi alla sua mente.

Questo mi ricordò dei miei giorni all'università, quando molte volte avrei lasciato il mio ostello per studiare in una libreria (ancora un luogo circondato da persone). Pensavo di essere più capace di concentrarmi in una libreria che sedendo da solo nella mia stanza da letto.

Così, almeno per me, lavorare in un ufficio open plan non era un gran problema. I pochi amici e le conoscenze che feci furono tutti grazie all'ufficio open plan.

Che fare se non ti piace un ufficio open plan

Ho sentito e letto che molte persone miti sembra trovino difficoltà in un ufficio open plan. Se sei uno di loro, allora la prima cattiva notizia è che c'è molto poco che tu possa fare al riguardo.

Non puoi certo lamentarti nell'ufficio risorse umane di trovare fastidiosi i cubicoli pubblici. Ti verrà chiesto semplicemente di sopportarlo (beh questo è il caso della maggior parte dei posti di lavoro oggigiorno con poche eccezioni).

Ma non ti preoccupare, ho una soluzione per te.

Nel mio studio legale, la squadra Aziendale era situata all'11° piano ma c'erano un sacco di sale riunioni destinate agli incontri con i clienti che erano situate all'8° piano.

Molte volte, mentre stavamo facendo qualche lavoro molto importante come riesaminare o correggere le bozze di contratti, i nostri senior/capi squadra ci chiedevano di spostarci in una sala conferenza all'8° piano dove c'era un sacco di spazio e luce naturale e si poteva lavorare in solitudine.

Questo era una specie di benedizione mascherata per alcuni dei miei colleghi che amavano lavorare da soli in un luogo tranquillo.

Ho notato infatti che la maggior parte dei posti di lavoro hanno sale riunioni che sono vuote la maggior parte del tempo. Per cui, se odi l'allestimento open plan del tuo ufficio, ecco cosa ti suggerisco di fare.

Vai dal tuo senior/capo squadra o chiunque lavori con te e digli o dille che la materia che stai trattando richiede una quantità immensa di focalizzazione e attenzione e che sei più produttivo lavorando da solo in un luogo tranquillo (come una sala riunioni) che in un cubicolo.

Sono sicuro che il tuo capo squadra non avrà alcun problema a dirti sì.

Questo è ciò che ho scoperto per esperienza personale. I capi squadra (persino i più irragionevoli) non trovarono alcuna difficoltà con questa mia richiesta.

Ma ti consiglio caldamente di informare i tuoi capi squadra prima di spostarti in un luogo tranquillo. In questo modo gli risparmi problemi se iniziano a cercarti in tutte le direzioni.

A volte le riunioni con i clienti possono aver luogo o stanno per aver luogo nella sala riunioni che hai scelto. Sicuramente non vorrai rimanere imprigionato in una posizione imbarazzante dove arrivano i clienti e ti trovano seduto lì.

La cosa ovvia da fare allora è chiedere al/-la receptionist sulla disponibilità di sale riunioni. La maggior parte dei/-lle receptionist è molto amichevole.

Lavorare in solitudine è possibile se costruisci relazioni forti con i tuoi capi squadra e altri. Questo può esser fatto se interagisci uno-ad-uno con loro con frequenza.

È già stata fatta molta ricerca affermando che gli introversi possono essere piuttosto potenti nelle interazioni uno-ad-uno. Jennifer Kahnweiler, autrice del libro "Quiet Influence: The Introvert's Guide to Making a Difference" l'ha considerato addirittura un punto di forza per persone miti che esercitano un'influenza. Lei chiama questa forza Conversazione Focalizzata. Nel suo libro, ha usato lo studio di numerosi casi per illustrare come vari introversi abbiano usato questa forza efficacemente in varie situazioni.

Lascia che inizi chiedendoti qualcosa.

Preferisci le conversazioni uno-ad-uno alle discussioni in ampi gruppi?

Hai mai sentito di forgiare relazioni più profonde quando interagisci con qualcuno uno-ad-uno piuttosto che in ampie riunioni sociali?

Pensaci.

Quanto a me, devo riconoscere che il libro di Kahnweiler mi fece fare introspezione e mi resi conto che stavo usando questa forza inconsciamente per alimentare un sacco di relazioni con il mio capo squadra, colleghi, il/la receptionist, l'incaricato/a della sezione marketing, le segretarie, l'attendente dell'ufficio ecc.

Ti dirò un po' più in dettaglio come l'ho fatto.

Perché Conoscere il/la Receptionist Aiuta Sempre

Alcune persone si comportano in maniera molto civettuola con i/le receptionist e le loro segretarie.

A Londra, stavo facendo un piazzamento estivo con uno studio legale di dimensioni medie. Il partner con cui stavo lavorando veniva fuori dalla sua cabina, passava un commento civettuolo e perfino pizzicava la sua segretaria nella sua parte posteriore, tu sai dove!

Non sono sicuro che alla segretaria veramente importasse ma io personalmente mi sentivo estremamente a disagio a comportarmi con receptionist e segretarie in questa maniera civettuola.

Potrebbe esserci un problema culturale, naturalmente, e come ti comporti con chiunque dipende molto dalla tua relazione con quella persona.

Ma il tipo di comportamento che ho visto a Londra può, più spesso che no, essere presa anche per il verso sbagliato. Il mio consiglio: in questi casi non fingerti estroverso.

Quanto a me, le mie relazioni erano molto semplici e dirette. La receptionist era solita sedere all'8° piano e noi lavoravamo all'11° piano. Di tanto in tanto venivo giù nella sala riunioni dell'8° piano sia per lavorare da solo che per presenziare agli incontri con i clienti insieme al mio senior.

Potevo vedere la receptionist seduta dietro una scrivania che fissava lo schermo di un computer con un aspetto estremamente annoiato. Chiedevo semplicemente "Ciao, tutto a posto?... Sembri piuttosto annoiata oggi."

Questo la faceva aprire immediatamente. Il suo volto si illuminava. Iniziava a parlare senza sosta e io dovevo semplicemente stare in piedi e far finta di essere un buon ascoltatore.

Generalmente rispondeva in questo modo:

"Sì, sono un po' annoiata... non c'è molto da fare... semplicemente vengo ogni giorno alle 9.30 a.m., faccio qualche gioco in internet... rispondo a telefonate noiose da clienti e partner... e la senior receptionist è una tale strega..."

Chiedevo "Perché... che ha fatto oggi?"

"Beh, non dirglielo... Continua a rimproverarmi senza capo né coda... fa addirittura strani commenti sui miei vestiti... mi ha chiesto di non giocare al computer... questo è contrario alle regole dell'ufficio, dice... ma allora cosa faccio, scrivo lunghe carte come fate voi ragazzi?... non me ne frega... semplicemente la lascio brontolare... mentre mi prendo l'occasione di giocare o chattare alle sue spalle...", delirava.

"Davvero!!!" dicevo.

"Inoltre le cose non stanno andando molto bene con il mio ragazzo", diceva.

Mi sarei sorpreso di quante persone desideravano condividere le loro relazioni personali con me.

"Che sta succedendo con il tuo ragazzo?", fui costretto a chiedere.

"Ultimamente ha iniziato a comportarsi stranamente... Non risponde più alle mie chiamate..." diceva.

"Mi dispiace molto", dicevo, al massimo.

Le conversazioni duravano a mala pena 2 minuti. Non che le parlassi ogni giorno.

Infatti era molto raro. A volte veniva all'11° piano, presumo per fare un po' di esercizio, e mi chiedeva come andava. Ed era tutto.

Ma mi resi conto che persino l'avere tali semplici conversazioni miglioravano tremendamente le mie relazioni con la receptionist. A nessuno al mondo importa come si sente una receptionist. Chiedere tali semplici domande come "Perché oggi sembri annoiata?" riusciva a far sentire quella povera donna come una persona reale che qualcuno aveva notato.

Per me, il vantaggio a breve termine era che una volta stabilita questa familiarità, era più semplice chiedere alla receptionist sulla disponibilità di sale riunioni o l'umore dei senior quel giorno o aiuto per prenotare un viaggio urgente e così via.

Il mio consiglio: semplicemente fai un tentativo con questo semplice approccio "amichevole". Ti sorprenderai di quanto piena di risorse e utile possa essere persino una semplice receptionist.

Come Agganciare i Capi Squadra

Come ho menzionato, la mia azienda inizialmente non seguiva una struttura di squadra rigida.

Molte volte, lavoravo con diverse squadre che coinvolgevano diverse persone e diversi capi squadra per differenti transazioni.

La maggior parte del lavoro che facevo come un associato era 'analisi dei conti' di aziende.

Questo implicava esaminare documenti riservati forniti dall'azienda.

La maggior parte di questi si riferiva al business della compagnia e implicava contratti con altri partner d'affari, atti di proprietà di uffici, adesioni alla borsa valori, licenze prese per affari, carichi criminali pendenti sui proprietari o direttori dell'azienda, ecc.

Quindi il nostro lavoro era di riesaminare questi documenti, individuare potenziali problemi e spedire un rapporto ai nostri clienti.

Poiché tutti questi documenti erano definiti 'riservati', le agenzie erano solite destinare una sala speciale a una pila di questi documenti conosciuta come la 'sala dati'. La maggior parte del tempo dovevamo viaggiare verso queste sale dati per riesaminare questi documenti.

L'atmosfera isolata di queste sale si dimostrò effettivamente un'eccellente opportunità per costruire relazioni forti con i capi squadra e con i colleghi.

Le nostre squadre erano generalmente piccole consistendo di un capo squadra e 2 o 3 colleghi di lavoro. Personalmente trovavo questo tipo di gruppo della dimensione ideale per avere interazioni uno-ad-uno che andassero oltre i discorsi superficiali che si è obbligati a sopportare in gruppi più ampi.

In tale maniera potevo sviluppare una buonissima relazione con il mio primo senior capo squadra. Viveva ad una certa distanza dall'ufficio. Quindi preferiva venire per primo in ufficio e poi entrambi avremmo preso un taxi, dall'ufficio alla sala dati.

Durante il viaggio chiacchieravamo in continuazione. Mi diceva di quanto gli mancasse la vita all'università e che se non fosse un avvocato gli sarebbe piaciuto essere un professore.

Era proprio un bravo cantante e ho avuto occasione di sentirlo cantare e canticchiare un paio di volte. Mi disse che una volta voleva diventare cantante e addirittura partecipò ad una gara canora nella sua scuola.

Ma quando iniziò a cantare durante la gara, poteva vedere i suoi amici seduti sul retro dell'auditorio ridere di lui. Questo lo distrasse e perse la gara.

Aveva lavorato anche a Londra con un prestigioso studio legale Magic Circle. Parlava dei giorni in cui lavorava a Londra. Come me, gli piacevano molto le giornate fredde e nuvolose di Londra.

Per molti dei miei amici britannici di Londra smaniosi di un po' di sole questo potrebbe essere scioccante. Ma in India abbiamo abbondanza di sole, per cui una giornata fredda e nuvolosa è benvenuta il più delle volte.

Parlava anche del suo precedente studio legale indiano in cui aveva lavorato ore pazzesche per un paio di anni.

Menzionò che la partner anziana della sua azienda precedente era quasi matta.

Aveva installato altoparlanti in ufficio e ogni volta che doveva riprendere qualcuno (riguardo i file finiti nel posto sbagliato o qualcos'altro) accendeva il microfono e faceva sentire le sue minacce a tutto l'ufficio per mostrare che "la prossima volta che lo rifai, ti friggo le pa**e".

Doveva servire come avviso agli altri avvocati junior, che se perdevano tempo da qualche parte, dovevano esser pronti ad affrontare questo tipo di umiliazione in pubblico.

In questo modo, scambiavamo un sacco di informazioni su argomenti che andavano dalle metropolitane intasate di Londra alla possibilità che gli astrologi possano predire accuratamente il futuro.

Il mio capo squadra successivo era di natura diametralmente opposta. Noi junior ci riferivamo a lei come "Kabadi Rani" in hindi, liberamente tradotto come 'Sig.ra Regina dei Pasticci' perché aveva l'abitudine di pignoleggiare costantemente e sottolineare che il socio suo compagno aveva fatto un pasticcio qua (kabad kar diya) e quell'altro lì, mentre lei era la Signorina Perfezione.

Faceva molti lavori nel Mercato Azionario ed ebbe alcune interazioni molto interessanti con lei. Mi diceva di vedere un futuro grandioso per sé nel Mercato Azionario perché si presumeva che fosse un settore 'arido' e fuori moda dove c'era meno concorrenza con gli altri avvocati.

Era fiduciosa che una volta ottenuta una certa esperienza qua, sarebbe stato più facile per lei ottenere un cambio di lavoro con un'altro prestigioso studio legale. Io mi sorprendevo di come certe persone fossero loquaci abbastanza da condividere certe cose riservate con dei perfetti estranei.

Una volta le chiesi "Stai facendo un sacco di duro lavoro... pensi di ottenere riconoscimento per il tuo duro lavoro?"

Mi rispose con le lacrime agli occhi "Penso che tu conosca già la risposta... e la risposta è NO..."

Menzionò anche il fatto che le cose non andavano bene con sua madre che si ammalava molto spesso.

Così, doveva lasciare presto l'ufficio, prendersi cura di sua madre, cucinare a casa, ecc.

Non era sposata e la sua famiglia doveva ancora trovarle un marito adatto. Quindi la vita non era poi così giusta.

Guardando dal suo punto di vista, stavo effettivamente male per lei.

Pensavo che fossimo diventati buoni amici finché venni a sapere che mi aveva pugnalato alle spalle.

Ma ci arriverò un po' più avanti.

Ad ogni modo, il fatto è che io non trovavo motivo per cui gli introversi non possano alimentare profonde relazioni con i loro capi, molti dei quali sarebbero essi stessi introversi.

Infatti, credo che gli introversi trovino molto più interessanti ed eccitanti argomenti che spaziano dai problemi personali e cambi di lavoro ai complessi problemi filosofici e metafisici delle piccole chiacchiere sulle condizioni atmosferiche del giorno.

Questo, almeno, è vero per me. Puoi giungere alle tue conclusioni. Ma cerca di trovare opportunità nel tuo posto di lavoro per conversazioni uno ad uno e scommetto che verranno in superficie tanti argomenti che potranno piacerti.

In un certo senso, un ufficio open plan aiuta ad avere tali interazioni casuali con i colleghi. Ogni volta che avevo voglia di prendere una pausa, mi alzavo dalla scrivania e andavo al cubicolo di qualcuno per fare due chiacchiere.

A volte le persone si scusavano di essere veramente impegnate occupandosi di un progetto e avrebbero parlato con me più tardi, il che andava bene.

Comunque, un ufficio open plan ti consente di muoverti da un posto all'altro e chiacchierare senza destare troppo fastidio. Era facile che anche i miei colleghi si alzassero per venire da me a restituirmi i miei gesti rompighiaccio.

Questo processo sarebbe diventato estremamente difficile e formale se ognuno doveva avere una stanza per conto suo.

Avrebbe significato dover bussare e chiedere "Posso venire" prima di entrare.

Credo che questo possa rendere quasi impossibile l'impegno casuale e amichevole e più ancora per gli introversi come me che esitano ad intromettersi negli 'spazi privati' di qualcun altro.

Un ufficio open plan, quindi, NON è quella sventura che si dice, da autori come Susan Cain. Si, il lavoro estremamente creativo ne soffre, e per esso si dovrà sguinzagliare il mio 'trucco sala riunioni'.

Ma per il lavoro ordinario alla scrivania, con due chiacchiere e canzonature amichevoli buttate là di tanto in tanto, niente batte l'atmosfera aperta, ariosa e allegra di un ufficio open plan. Anche gli introversi hanno necessità di socializzare e l'ufficio open plan gli da l'opportunità di farlo in ufficio, che è grandioso.

Assicurati solo di farlo entro i limiti se non vuoi un'occhiata di traverso dai tuoi capi.

Dove Possono Essere Utili le Segretarie

Un altro vantaggio del sistema open plan, nel mio caso, era che ti permette di sviluppare relazioni personali con le segretarie.

Nella mia azienda, ogni partner aveva una segretaria. La maggior parte delle segretarie potrebbe aiutarti in faccende come fare fotocopie e compilare rapporti e stampare lettere su lettere con l'intestazione dell'ufficio.

Comunque, anche quando i partner non erano in ufficio, la maggior parte delle segretarie fingevano di essere molto occupate. Raggiungerle direttamente non funzionava.

Nel mio caso, ero fortunato di costruire ottime relazioni con uno dei segretari che lavorava per il partner nei Mercati Azionari. A lui piaceva chiacchierare con chiunque. Molte volte veniva alla mia scrivania per una chiacchierata. La cosa interessante era che non credeva nelle chiacchiere di circostanza. Le sue discussioni erano invece di tipo profondamente filosofico.

Diceva che stava leggendo il "Libro Tibetano dei Morti".

Poiché mi ero specializzato in filosofia, non avevo problemi ad affrontare discussioni sulla "vita dopo la morte" o qualcosa di simile. Credo che queste sono i tipi di discussioni intense che piacerebbero a molti introversi.

Una volta questo segretario vide sulla scrivania di qualcun altro una citazione che diceva press'a poco così:

"L'esperienza è il modo amaro in cui imparo le cose".

Iniziò allora ad affrontare una discussione su questo argomento. "Che bisogno ha l'esperienza di essere amara... cosa significa veramente la citazione?", chiedeva.

Potevamo avere delle lunghe discussioni sull'argomento. Il risultato fu che sviluppammo un certo tipo di legame reciproco di cui potevo servirmi se mai avessi dovuto fotocopiare qualcosa ecc.

Comunque, prova a fare le cose a modo tuo.

Connettiti con le persone nella maniera che vuoi.

Se pensi di essere introverso, dovresti sapere che allora hai il dono di fare conversazioni attente.

Usalo a tuo vantaggio.

Non permettere all'impostazione open plan dell'ufficio di incidere sulla tua produttività e le tue relazioni.

Se non ti piacciono le chiacchiere di circostanza, non permettere che ti infastidiscano. Troverai modi a sufficienza per trovare argomenti di cui ti importa.

Non cercare tu stesso l'opportunità. Lascia che l'opportunità venga sulla tua strada.

A volte potresti dover aspettare il momento giusto ma per favore rimani fiducioso che quel momento alla fine verrà.

Ricordo ancora il giorno che me ne stavo andando. Avevo salutato tutti coloro con cui avevo forgiato un qualsiasi tipo di relazione.

Mi sorprese trovare un sacco di persone che diventavano emotive.

E questo mentre pensavo che a nessuno importasse della mia esistenza.

Ma in effetti le persone sembrava ci tenessero a me e mi dissero che gli sarei mancato moltissimo.

Altri Modi di Lavorare in Uffici Open Plan

Ho letto che alcune compagnie stanno proponendo uffici open plan flessibili con stazioni di lavoro singole, luoghi tranquilli, café, sale lettura e spazi dove le persone possono interagire facilmente.

Presumo che queste compagnie stiano dunque riconoscendo l'importanza di lavorare in solitudine e rispettare i bisogni di entrambi introversi ed estroversi.

Uno di questi esempi dovrebbe essere Microsoft. Apprendo (dal libro di Susan Cain "Quiet: "The power of introverts in a world that can't stop talking") che la Microsoft ha progettato i suoi uffici in maniera tale che gli impiegati possono usare pareti mobili e porte scorrevoli per collaborare come e quando vogliono e creare il loro spazio privato quando necessitano di concentrarsi sul lavoro da soli.

La disponibilità di tali comodità può essere un elemento importante da tenere a mente quando si cerca lavoro.

Comunque pochissime compagnie comprendono i bisogni degli introversi.

Per cui generalmente non c'è altra opzione che di esplorare che cosa funziona nella mentalità del tuo ufficio.

Si può lavorare in una libreria o in una sala lettura o sala riunioni?

Oppure, come suggerisce Sophia Dembling, usare auricolari per ascoltare musica in mp3 se funziona meglio.

Trova cosa funziona meglio nella mentalità del tuo ufficio e sono sicuro che troverai una via d'uscita.

Morale della Storia

È assai probabile che l'ufficio nel quale lavori abbia un'impostazione open plan. Più spesso che no, non c'è niente che tu possa fare al riguardo. Tuttavia puoi provare ad usare il modello open plan a tuo vantaggio.

Hai il potere di formare relazioni che legano profondamente con i tuoi pari, capi, segretari e receptionist. Usa le interazioni uno ad uno per avere confidenza con i tuoi superiori/capi squadra e di loro perché certe volte hai bisogno di lavorare in solitudine per ottenere i risultati migliori.

Individua luoghi tranquilli nel tuo ufficio. Potrebbe essere una sala conferenze vuota o una libreria. Usa questi spazi quando è meno probabile che venga interrotto e desideri fare qualcosa di produttivo.

Valutare se il tuo ufficio abbia un open plan flessibile oppure no può risultare utile per determinare se dovresti o meno proporti per lavorare lì.

Infine, se non funziona niente, e al supervisore del tuo piano non da fastidio, mettiti un auricolare nell'orecchio e ascolta musica.

Per cui trova cosa funziona meglio nella mentalità lavorativa della tua azienda e cerca di prosperare.

Capitolo 3: Ti Escludono Perché Lavori a Lungo?

Pensavo che mi piacesse il mio lavoro. Avevo la capacità di individuare potenziali problemi, avevo abilità di scrittura decenti (qualcuno diceva grandiose), ero attento ai dettagli, tutte qualità che possono contribuire a rendere chiunque un eccezionale avvocato d'azienda.

Non erano tutti fantasmi della mia mente ma venivo sinceramente lodato dai partner. Amavo intraprendere esercizi 'noiosi' e interminabili di 'analisi dei conti'. Mi piaceva sinceramente analizzare contratti e prendere nota di potenziali rimostranze. Mi piaceva controllare gli adempimenti per il mercato azionario. Mi divertivo a scrivere rapporti, promemoria e opinioni per i clienti.

Allora cos'è che veramente mi terrorizzava?

La risposta: Lavorare per delle Irragionevoli Lunghe Ore.

Fin dai giorni dell'università, abbiamo sentito che gli avvocati delle aziende trascorrono lunghe ore fino a tarda notte lavorando su complesse transazioni aziendali e dando forma compiuta agli affari. Questo mi sconcertava alquanto ma poi pensai perché essere così paranoico, attraverserò il ponte quando vi sarò giunto.

Tuttavia, quando iniziai a lavorare e ad avere esperienza in prima persona delle lunghe ore lavorative, mi resi conto che stavo pagando un prezzo pesante fisicamente! Stavo diventando sempre più incline a prendere permessi di malattia in considerazione del fatto che ero a terra con la febbre per giorni. Verso la fine della mia carriera, iniziai ad avere terribili mal di schiena.

Mi sentivo stanco ed esaurito. Non avevo neanche tempo per tenermi in esercizio, poiché le aziende indiane, diversamente dalle loro controparti occidentali, non forniscono alcuno di questi servizi vicino ai posti di lavoro. Alcuni giorni i livelli di stress erano tali che sentivo di stare per avere un esaurimento mentale.

Mi stavo sicuramente spegnendo.

Non è che stessimo lavorando tutto il tempo per rispettare pressanti scadenze dei clienti. La gente stava in ufficio anche quando non c'era quasi alcun lavoro da fare.

Questo era il peggio. Alcuni dei nostri senior venivano a lavorare tardi intorno a mezzogiorno e poi stavano fino a tardi.

La ragione era una linea di condotta non esplicita dell'ufficio per cui andava bene arrivare tardi a lavoro se poi lavoravi ore pazzesche alla sera. L'idea era di essere sia benevoli che flessibili. Quegli avvocati che lavoravano fino a tarda notte potevano anche andare a letto, recuperare un po' di sonno e poi ritornare a lavoro nel pomeriggio.

Ma era diventata una pratica comune persino quando non c'era pressione.

Anche ai partner andava bene che gli avvocati si comportassero in questo modo. L'arrivo in ritardo in ufficio era scusato se integravi rimanendo tardi la notte.

L'implicazione inversa sfortunatamente non era effettiva. Andarsene alle 6.30 p.m. non era accettabile perfino quando timbravi il cartellino alle 9.30 a.m. e terminavi in tempo il tuo lavoro.

Mi domandavo il perché, e ne capisco solo ora le vere ragioni.

A quei tempi, mi facevano sentire in colpa perché, secondo loro, non lavoravo 'abbastanza'. Il mio partner dei Mercati Azionari mi disse che avevo bisogno di aumentare il mio "vigore lavorativo".

Pensavo davvero di avere qualcosa di sbagliato. Fu solo un paio di anni dopo che scoprii la ragione del mio sentirmi così affaticato dopo lunghe ore di lavoro. Ringrazio sia Susan Cain e Jennifer Kahnweiler per avermi spiegato il motivo nei loro libri.

Essenzialmente, un introverso richiede una pausa tranquilla per rinvigorirsi. È ciò che Susan Cain chiama una "nicchia ristoratrice" e Jennifer Kahnweiler chiama un "momento di pace". Questa pausa tranquilla potrebbe significare qualsiasi cosa. Potrebbe essere un luogo fisico in cui vai per ritrovare te stesso o un luogo temporale come quando fai meditazione.

Effettivamente gli introversi possono soffrire di esaurimento fisico se non prendono queste 'pause tranquille'.

Susan nel suo libro fa due esempi. Parla di un professore che soffrì di polmonite doppia dopo una vita sovraccarica di impegni tra lezioni, scrivere referenze per gli studenti, ecc.

Il secondo esempio che fa è quello del senatore Al Gore, il famoso vincitore del premio Nobel per il documentario "The Inconvenient Truth", che da introverso autoproclamato, si ammalava se lavorava troppo.

In che modo mi riguardava

Nei miei giorni allo studio legale, mi resi conto di essere in grado di ricaricarmi se lasciavo l'ufficio alle 7 p.m., andavo a casa, mi lavavo il viso, cambiavo i vestiti, e cenavo. Solo dopo mi sentivo abbastanza ricaricato per terminare il mio lavoro programmato.

Evidentemente questa era la mia pausa tranquilla o nicchia ristorativa.

Se per qualsiasi ragione mi veniva negata, allora mi sentivo prosciugato. Decisi, così, di compensare rispettando tutte le scadenze, anche se significava raggiungere l'ufficio alle 9.30 a.m. e iniziare il mio lavoro mentre i miei colleghi continuavano ad arrivare quando gli pareva.

Non partecipavo ai pettegolezzi che si protraevano a lungo o alle pause caffè. Lavorare 8 ore di fila in genere mi bastava per completare tutto il mio carico di lavoro.

Naturalmente c'erano i giorni che dovevo allungare. Per cui, mi portavo il lavoro a casa. Mi rinfrescavo e poi nuovamente a lavoro da casa finché completavo il mio programma di lavoro per le 11 p.m. o giù di lì.

Devo dirti qualcosa. Sentirsi prosciugati dopo lunghe ore di lavoro non è solo una cosa da introversi.

Anche i miei pari estroversi soffrivano in maniera simile. Anche una ragazza estroversa che sedeva vicino al mio cubicolo si sentiva al mio stesso modo ma per una ragione molto diversa.

Aveva bisogno di socializzare con il suo ragazzo, fare acquisti o andare a party dopo le ore d'ufficio per ricaricarsi. Per cui, lavorare a lungo faceva male a tutti: estroversi, introversi, uomini, donne, partner, associati senior, associati, o di qualsiasi altro livello.

Per me, ad ogni modo, lavorare da casa dopo le ore in ufficio sembrava essere la soluzione perfetta.

Accordo con i Senior per Lavorare da Casa

Nella nostra azienda, ci erano forniti computer portatili e schede dati (per accedere ad internet) così potevamo operare da qualsiasi luogo. Non lavoravamo alle scrivanie.

I portatili erano più facili da trasportare alle sale dati e agli uffici dei clienti per le riunioni. Erano anche più robusti e potevano resistere a condizioni polverose, fluttuazioni di corrente e periodi di interruzione molto più dei computer da scrivania.

Alcuni senior con cui lavoravo erano abbastanza sensibili da capire che ero più produttivo da casa che in ufficio, dopo l'orario d'ufficio. Uno dei miei capi squadra addirittura mi incoraggiò a lasciare l'ufficio per le 7 p.m. e di notte mi spediva i documenti per e-mail.

Questo per me funzionava bene. Potevo ritornare a casa alle 7.30, rinfrescarmi, cenare e poi nuovamente lavorare al mio portatile dell'ufficio che mi portavo a casa. In questo modo potevo raggiungere la mia "nicchia ristorativa" per la maggior parte del tempo.

C'erano altri giorni in cui l'intera squadra rimaneva sveglia. Anche io dovevo star sveglio ma almeno potevo prendermela comoda quando la pressione della transazione era scesa.

Non ero l'unico che esercitava questa opzione. Anche la mia amica estroversa, che ho menzionato prima, metteva regolarmente a segno 'affari' simili con il suo senior.

Ciò le permetteva di lasciare l'ufficio alle 7 p.m., passare la serata fuori con il suo ragazzo e poi finire il lavoro a tarda notte da casa. Questo significava anche che poteva arrivare tardi in ufficio perché aveva la scusa di lavorare tardi.

Quindi se odi lavorare nelle ore tarde, questa può essere una soluzione per te.

Che tu sia estroverso o introverso, può fare una grossa differenza se puoi entrare in confidenza con i tuoi senior. Dì loro come puoi essere produttivo persino da casa.

Tieni a mente che i tuoi senior potrebbero essere d'accordo solo se gli assicuri che rispetterai tutte le scadenze. Una volta che funziona, puoi fare a modo tuo. Inutile dire che allora devi aderire alle scadenze. Non puoi allo stesso tempo lasciare presto l'ufficio e mancare importanti scadenze.

Per me fu un sollievo temporaneo. Alcuni dei senior con cui lavoravo non capivano affatto.

Uno degli altri ragazzi con cui lavoravo era piuttosto irragionevole. I miei incontri con questo 'gentiluomo' al quale mi riferisco come "Sig. Tardi Nottelcolista" sono già stati raccontati all'inizio del libro sotto il titolo "Lascia che Ti Racconti un'Altra Storia..."

Benché in quella 'storia' ebbi la meglio sul signor Tardi Nottelcolista, come presto scoprirai, questi era effettivamente piuttosto in linea con l'etica prevalente nella maggior parte dei luoghi di lavoro.

Concetto di Impegno Legato a Lunghe Ore di Lavoro

Fortunatamente, ebbi qualche privilegio dall'aver fatto ricerca sull'argomento per una delle mie dissertazioni durante i giorni di università a Londra. Il mio punto focale era l'industria legale. Ma come scoprii questo concetto si applicava anche alla maggior parte delle altre industrie.

Come saprai (o forse no), un avvocato d'azienda fattura ai suoi clienti in base alle ore. Più alto il numero di ore impiegate, più alta sarà la parcella. Come dice la barzelletta, un avvocato d'azienda aveva gonfiato le sue ore in fattura così tanto che quando morì e andò in paradiso, la sua età in base alle ore fatturate andava registrata come 120 anni!

Ad ogni modo, il fatto è che se la generazione di reddito è legata alle ore fatturabili, è alquanto ovvio attendersi che anche il tuo rendimento sia legato al numero di ore che impieghi.

I bonus alla fine dell'anno quindi si calcolano sulla base di queste ore.

La natura delle transazioni aziendali è tale che gli avvocati aziendali finiscono per lavorare lunghe ore e talvolta per giorni senza alcuna sosta. Ma questo non succede tutti i giorni.

La maggior parte dei giorni sono normali e ci sono delle volte che le ore di lavoro devono protrarsi.

Il guaio, comunque, è che lavorare molte ore viene presto considerato come qualcosa di eroico, che ognuno dovrebbe imitare.

Perfino in giornate in cui non c'è pressione, lavorare molte ore diventa una norma socialmente attesa o un distintivo di pratica legale. Conoscevo molti associati e associati senior nel mio studio che iniziavano deliberatamente tardi le mattine per poter star svegli fino a tarda notte e provare che stavano lavorando sodo.

Dormire di meno significa che a lungo corso la tua salute potrebbe risentirne. Eppure è vista come una pratica eroica perché allora sei uno che vuole rischiare la vita per il benessere dell'azienda.

Suona così nobile, o no?

In occidente, lavorare fino a tardi è abbastanza comprensibile dal momento che molte aziende internazionali lavorano su affari transnazionali che collegano zone con diversi fusi orari. Quindi, se l'affare si sta chiudendo a Hong Kong nel pomeriggio, potresti rimaner sveglio fino a tardi a New York collegato in video conferenza.

In India è un po' diverso. La maggior parte dei clienti indiani sono molto puntigliosi quando si tratta di pagare gli avvocati. I clienti indiani preferiscono essere fatturati su base forfettaria che sulla base di ore fatturabili. La maggior parte degli affari che facevamo non riguardavano zone con fusi orari differenti. Quindi non era logico lavorare fino a tardi.

La parte più divertente era che in India le persone iniziavano tardi, intorno a mezzogiorno e poi si protraevano a tarda notte. Il numero di ore imputato da uno che lavorava dalle 9 a.m. alle 7 p.m. e dalle 12 a.m. alle 10 p.m. è lo stesso.

Eppure, venivi notato solamente in funzione di quanto a lungo rimanevi in ufficio piuttosto che quanto presto arrivavi in ufficio (perché presumibilmente le persone venivano tardi e non si accorgevano che eri già in ufficio).

Questo è quanto, riguardo all'impegno. Se stai dedicando la maggior parte del tuo tempo in ufficio, allora sei un lavoratore 'impegnato'.

Ma come viene calcolata "la maggior parte del tuo tempo"? Se le persone ti vedono seduto in ufficio fino a tarda notte, allora stai passando la maggior parte del tuo tempo in ufficio. Non importa a quale ora entravi!

Se controbatti che la qualità delle ore è più importante della quantità, o di come sia importante anche mantenere un equilibrio lavoro-vita, allora lo si vedrebbe come essere noioso, effeminato o vigliacco.

I Miei Problemi in Breve

Perfino quando terminavo i miei programmi in tempo e al livello qualitativo atteso, la percezione 'popolare' era che non ero stato sveglio fino a tardi. Il mio 'accordo' con alcuni senior per lavorare da casa dopo l'orario d'ufficio non ebbe effetto. Il verdetto fu che io non ero 'impegnato' sul lavoro.

Anche l'impostazione open plan dell'ufficio aggiunse difficoltà.

Io me ne andavo in orario e lavoravo da casa mentre i miei pari (lavorando con altre squadre e a diversi progetti) sedevano in ufficio fino a tardi.

In un ufficio open plan è molto facile notare chi arriva, chi se ne va e a che ora.

Ad alcuni non piaceva. Qualcuno arrivò al punto di lamentarsene all'ufficio HR (Human Resources, "risorse umane").

Un giorno fui sorpreso di trovare una chiamata da parte della signorina dell'HR chiedendomi di incontrarla di persona.

Mi disse che alcuni miei pari (naturalmente non aveva preso i loro nomi) si erano lamentati che me ne andavo presto mentre gli altri erano sovraccarichi di lavoro.

Ho un problema a lavorare tardi? Pensava che probabilmente avessi qualche impegno familiare, una madre malata di cui prendermi cura ecc.

Fui onesto con lei e le dissi che sono più produttivo da casa la sera e che ero altrettanto onerato di lavoro quanto i miei pari.

"Ci sono state lamentele per non aver completato i miei compiti in tempo o l'incidenza sulla qualità del mio lavoro?" contro-chiesi alla HR.

"No, in effetti sei considerato un lavoratore molto affidabile. I tuoi senior mi hanno detto che rispetti tutte le scadenze. I tuoi senior si sentono molto rilassati che qualsiasi documento ti sia consegnato raggiunge la loro casella di posta esattamente in tempo e con una buona qualità", rispose la signorina dell'HR.

"Dunque la qualità non è più importante del dove e quando io lavori", dissi.

"Ma non lo capirà nessuno. Le persone lavorano (siedono) fino a tardi e ci si aspetta che tu sia nei dintorni. Anche in altre aziende, le persone lavorano fino a tardi. È un fenomeno globale. Non sarà un bene per la tua carriera nel lungo corso", mi avvisò la signorina dell'HR.

Quindi eccoci al punto. Lavorare molte ore equivale all'impegno che a sua volta si traduce in una carriera di successo.

I Problemi con il Sig. Tardi Nottelcolista

Il problema non era soltanto l'avvertimento dall'HR della mia azienda. Infatti non era nemmeno considerato serio. Anche ad altri erano stati dati degli avvisi simili.

Una volta sentii un mio amico estroverso parlarne con qualcun altro e l'altra persona rispondeva che è una procedura standard dell'HR. Niente di serio.

Così mi sentii sollevato di non essere l'unico.

Sig. Tardi Nottelcolista sembrava essere un problema più grande non solo per me ma anche per gli altri.

Obbligava i suoi junior a star seduti in ufficio perfino quando c'era un ristagno (che è solitamente tra Natale e vigilia di Capodanno).

Lui era il centro delle chiacchiere dell'ufficio e ne era consapevole, ma sembrava non gli importasse. Sentii una delle mie colleghe brontolare che le aveva fatto riformattare 20 volte una presentazione in power point finché lei si arrese e si mostrò occupata con qualche altra importante transazione.

Suona come una barzelletta ma è accaduto davvero. Povera ragazza!

Anche molti altri miei amici si erano lamentati col Capo Ufficio sui modi di agire del sig. Tardi Nottelcolista.

I miei amici erano piuttosto estroversi e determinati nel difendere i loro diritti. Obiettarono a gran voce che il sig. Tardi

Nottelcolista li fa star seduti la notte senza alcun lavoro. Non c'è produttività. Niente da fare. In più, ne stava risentendo la loro vita sociale.

Questo era invero un argomento molto potente. Per fortuna, il Capo Ufficio parteggiò per i miei amici piuttosto che per il sig. Tardi Nottelcolista.

C'era un altro problema con il sig. Tardi Nottelcolista. Benché stesse sveglio fino a tardi, molto spesso si gingillava.

Si disattendevano le scadenze rendendo furiosi i clienti. Si spedirono ai clienti documenti sbagliati creando un enorme imbarazzo.

Per cui, il sig. Tardi Nottelcolista non godeva di un'opinione molto favorevole tra i partner.

Un altro argomento per provare che lavorare molte ore non si converte necessariamente in maggiore produttività!

Per venire ai miei problemi con il sig. Tardi Nottelcolista, egli aveva questo grillo per la testa di non lasciare che nessuno andasse a casa automaticamente dopo l'orario d'ufficio.

Io dovetti lavorare con lui sporadicamente, per fortuna. Ma qualunque sia stata la mia esperienza con lui, fu comunque spaventosa. Il più delle volte imponeva false scadenze. Urlava al lupo e faceva sembrare qualcosa come urgentissima quando la faccenda poteva benissimo essere conclusa o non più di importanza.

Ho già raccontato l'intera storia e come si sia risolta in maniera bizzarra.

Ma possiamo trarre delle lezioni da quest'esperienza?

Lezioni da Imparare

Scrivere una e-mail ad un'autorità più alta per lamentarti del tuo senior non è l'opzione migliore cui ricorrere. Infatti, il più delle volte è fortemente sconsigliata. Io stesso sono d'accordo.

In un posto di lavoro il conflitto deve succedere. Ma non si dovrebbe sparare una e-mail all'improvviso ai superiori in uno scoppio d'ira. Può farti più male che bene. Può anche danneggiare significativamente la tua reputazione.

So di qualcuno che ebbe un diverbio con il suo capo e sparò una e-mail offendendo e minacciando il suo capo, rivelando l'e-mail a tutto l'ufficio e agli uffici situati in altre città.

Risultato: non solo perse il lavoro ma il suo precedente capo si assicurò che non lavorasse mai più in quel settore.

Per cui la prima lezione è che se devi spedire una e-mail, fallo con molta, molta attenzione e in maniera fredda e calcolata.

Persino nel mio caso spedire un'e-mail non fu la prima opzione. Me ne servii come ultima risorsa.

Provai inizialmente a parlare dei miei problemi con il Capo Ufficio ma non funzionò perché il Capo Ufficio era terribilmente impegnato.

Anche l'agenda degli eventi che stavo tenendo non la spedii senza provocazione. Avrebbe sicuramente peggiorato le cose.

Penso che la tempistica lavorò a mio favore. Potevo ancora perdere il lavoro ma almeno in questo contesto l'e-mail funzionò bene.

La cosa sorprendente fu che la e-mail assestò un colpo alla reputazione di sig. Tardi Nottelcolista. Molto più di quanto avessero fatto prima di me i miei amici estroversi. Ma poiché i miei amici estroversi si erano lamentati precedentemente, il Capo Ufficio era consapevole dell'atteggiamento prepotente dei sig. Tardi Nottelcolista. Per cui fu utile al mio caso.

Il mio messaggio: Usa la e-mail con cautela. Utilizzata correttamente potrebbe essere la più grande forza che noi introversi abbiamo.

Usala male e può essere il nostro più grande svantaggio.

Morale della Storia

Odi il tuo lavoro per le lunghe ore lavorative?

Se la risposta è si, allora potresti aver bisogno di considerare un paio di domande per te stesso.

Cos'è che odi in realtà? È il lavoro in sé o le lunghe ore lavorative?

Potresti aver bisogno di pensarci perché la risposta non sarà semplice.

Inizialmente pensavo di amare il mio lavoro ma non mi piaceva star seduto fino a tardi. Più tardi, quando i due problemi si mischiarono, mi resi conto che il mio lavoro non mi piaceva tanto quanto pensavo.

La legge aziendale si occupa di aiutare le compagnie a diventare più grandi sia tramite acquisizione di un'altra azienda, o contrattando nel mercato azionario o entrando in accordi con un'altra compagnia. Non c'era niente di nobile o altruistico ma qualcuno doveva fare questo lavoro. Neanche io avevo problemi a farlo, ma non pensavo che nel processo valesse la pena di rischiare la salute e la propria conformazione mentale.

Quindi se ami il tuo lavoro ma odi lavorare molte ore, potresti considerare alcune di queste opzioni con i loro pro e contro:

Raggiungi un accordo con i senior: Puoi sempre raggiungere un accordo con i tuoi senior per un allungamento delle scadenze o per lavorare da casa. È abbastanza efficace e il più delle volte è la soluzione migliore. Il rovescio della medaglia è che tutto dipende dalla mentalità del tuo ufficio. Molti uffici hanno introdotto ufficialmente orari flessibili ma in privato disapprovano questa pratica.

Con alcuni senior potrebbe essere difficile raggiungere un accordo. Se è così, allora prova a cambiare squadra o cerca (se possibile) di lavorare con qualcuno con cui puoi lavorare efficacemente.

Agisci nell'ambito delle norme del tuo ufficio.

Come puoi cambiare squadra?

Che argomento potresti avere circa la possibilità di avanzare per farti cambiare di squadra?

Appellati ad un'autorità più elevata solo quando è richiesto.

Adattati alla mentalità dell'ufficio: Molti miei colleghi odiavano lavorare molte ore ma si adattavano facilmente a ciò che ci si aspettava da loro. La maggior parte stava attorno anche quando era tardi perché quella era la norma ufficiale.

Anche a me fu dato consiglio di conformarmi dall'HR. Provai ad adattarmi a questa mentalità di lavoro ma non potei sostenerla molto a lungo.

Presumo si possa fingere di essere qualcuno che non si è solo per un breve periodo. Alla lunga, bisognerà dover pensare a qualcos'altro.

Pensa ad un cambiamento di lavoro: Se la mentalità nel tuo posto di lavoro è lavorare molte ore e tu lo odi, allora potresti pensare a cambiare lavoro. Trova un lavoro dove gli orari sono flessibili o fissi come una specie di routine dalle 9 alle 5.

Il problema è che potresti finire in un posto di lavoro che nel fascicolo online dice di essere flessibile sugli orari di lavoro ma nella pratica fa l'esatto opposto.

Oppure potresti finire in un lavoro dalle 9 alle 5 in cui senti di non crescere.

Se ti rendi conto che non ti piace il tuo lavoro allora considera quanto segue:

Che cosa vuoi fare realmente nella vita?

Quali sono i tuoi passatempo?

Quali sono le tue passioni?

Mi resi conto che l'occuparmi di diritto aziendale mi stava portando ad essere una persona che non volevo essere.

Amare il diritto intellettualmente è una cosa mentre praticare diritto aziendale e rappresentare grandi clienti è una cosa diversa.

La vita è troppo breve.

Non mi piaceva la natura stressante del lavoro, avendo a che fare con capi come il sig. Tardi Nottelcolista e la sig.na Regina dei Pasticci (che compare nei capitoli seguenti).

Mi considero una persona creativa, un artista.

La mia energia è utilizzata al meglio nello scrivere il tipo di libri che mi piacciono e che spero tocchino la vita di altre persone attraverso le mie parole.

Sentivo che la mia energia stava andando sprecata tenendo inutilmente agende sui miei capi irragionevoli.

Ora sono ufficialmente uno scrittore.

Scrivo libri e non mi importa nemmeno di scrivere di sabato o di domenica.

So che mi sarei risentito se il sig. Tardi Nottelcolista mi avesse fatto sedere in ufficio durante i fine settimana ma ora non mi interessa.

Non ho bisogno di preoccuparmi di star seduto in ufficio fino a tardi.

Scrivo ogni volta che ho voglia di scrivere.

Ho la mia personale disciplina senza alcun sig. Tardi Nottelcolista che cerca di gestire il mio tempo.

Sto seguendo la mia passione.

Magari anche tu puoi pensare la stessa cosa?

Sii il più possibile sincero con te stesso.

Capitolo 4: Trattare coi Colleghi e Socializzare

Il Mio Primo Giorno a Lavoro

Entrai nella mia azienda a fine novembre 2009. L'HR mi portò a fare un giro per l'ufficio. Furono mostrati vari dipartimenti. Incontrai tutti i partner aziendali ad eccezione del Capo Ufficio (perché mi aveva già intervistato). Mi fu mostrata la mia postazione e fui presentato ai miei colleghi di lavoro nella squadra aziendale.

Sembrava tutto poco familiare, dalla scrivania alle persone attorno a me. Prima di venire qui, avevo passato quattro anni a Londra. Mi ero fatto alcuni ottimi amici là. Mi ero abituato a vedere le facce dei miei amici di Londra.

C'erano solo cinque associati me incluso al livello A-1. Condividevo un cubicolo con tre di loro, due ragazzi e una ragazza.

La cosa interessante è che tutti e tre erano dello stesso paese e avevano studiato insieme nella stessa università di Pune.

La ragazza era una vera regina del pettegolezzo. Era una ragazza molto vivace, ciarliera, chiacchierona. Però, c'era dell'altro.

Era astuta come una volpe. Era molto ferrata nel sistema dell'ufficio ed era invero molto manipolatrice. Sapeva come evitare circostanze difficili e scomparire senza lasciare tracce.

Sapeva quali scuse usare per ottenere il beneficio maggiore, a seconda della situazione.

Mi ricordava il personaggio di Susanna nel libro "Susanna's Seven Husbands" di Ruskin Bond. I miei amici occidentali potrebbero non avere familiarità con questo libro. Per cui, consentitemi di spiegare brevemente la storia.

Il libro racconta di una donna ricca che si sposò sei volte e uccise tutti i suoi mariti in circostanze divertenti senza lasciare traccia.

Il libro in questo modo è una commedia nera. La donna faceva sembrare che i mariti si suicidavano o che morivano di morte accidentale. Si sospettava soltanto che Susanna fosse dietro a tutto questo dalle circostanze che portavano alle morti dei suoi mariti.

La sua versione cinematografica comparve nel 2011, e credimi, la nostra regina del pettegolezzo adorava il film. Così, un giorno, la presi in giro chiamandola sig.na Susanna. La battuta fu ben accolta e tutti scoppiarono a ridere.

"D'accordo, ma tu non sarai uno dei sette mariti, prometto", rispose in maniera sportiva.

Comunque, per questo libro lascia che la chiami Susanna.

Essendo un introverso mi ci volle del tempo per riscaldarmi con i miei nuovi colleghi. Ma neanche la nostra Susanna era una che soffriva di sensi di colpa. Passò dalle lunghezze straordinarie ad escludermi deliberatamente da tutte le sue discussioni. Sedevamo nella stessa area dell'ufficio. Ogniqualvolta faceva un pettegolezzo, si riferiva costantemente ai suoi amici di università come "noi tre".

"Noi tre siamo proprio buoni amici".

"Noi tre dovremmo uscire insieme".

"Noi tre dovremmo mangiar fuori insieme".

"Noi tre dovremmo andare insieme a delle feste di compleanno".

"Noi tre dovremmo fare questo".

"Noi tre dovremmo fare quello".

Le sue conversazioni su "noi tre" iniziarono a disturbarmi.

Ogni volta che cercavo di unirmi a una conversazione, mi ignorava intenzionalmente.

I venerdì sera, quando voleva uscire con i suoi amici, nemmeno mi chiedeva se mi sarei voluto unire.

I venerdì sera ero stanco e non avevo l'energia per socializzare dopo le ore in ufficio, così anch'io stavo tranquillo e non protestavo sul perché non fossi invitato.

Un'altro tratto introverso. Mi sentivo molto strano sulla perdita di energia dopo le socializzazioni mentre gli altri miei colleghi proprio si ricaricavano.

Più tardi quando lessi il libro di Susan Cain compresi che gli introversi perdono energia quando socializzano, soprattutto in feste con grandi cene, e si ricaricano quando trascorrono del tempo da soli. Adesso, ai miei occhi, i giorni allo studio legale trovavano un senso.

Lavorare molte ore era un'altra cosa che esauriva i miei livelli di energia.

Quindi, per compensare, iniziai ad arrivare alle 9.15 precise, terminavo tutto il mio lavoro alle 6.30 e me ne andavo a casa.

Questo significava che non prendevo alcuna pausa nel mezzo per socializzare o spettegolare con i miei colleghi.

Volevo solo terminare il mio lavoro.

Penso anche che fossi poco a mio agio per spettegolare sapendo che le mie parole avrebbero potuto diffondersi oltre confine con molta facilità e raggiungere le orecchie dei miei capi, una situazione che volevo evitare a tutti i costi. In ogni caso, non sono il tipo di persona che condivide le sue emozioni personali con gli estranei molto facilmente.

Per qualche mese, mi sentivo senza amici. Forse anche i colleghi d'ufficio mi vedevano come riservato o altezzoso, un fatto che non posso confermare con certezza.

Volevo essere amico di tutti ed ero aperto a stabilire nuove relazioni. Ma immagino di non aver mostrato quest'emozione. Un problema comune agli introversi.

Allora non sapevo che presto tutto sarebbe cambiato. Le circostanze lo fecero accadere, semplicemente.

L'Arrivo di Mel-B

Nell'arco di pochi mesi, uno dei ragazzi che lavorava con noi se ne andò in un'altra azienda.

Al suo posto, si aggiunse una ragazza proveniente da un'altro prestigioso studio legale indiano.

Il primo giorno che la vidi, mi guardò come Melanie Brown, il personaggio famoso conosciuto popolarmente anche come Mel-B. Con capelli lunghi, carnagione leggermente color del grano, corpo snello, caviglie alte, si vestiva come una modella famosa.

Entrava in ufficio come una modella che cammina su una passerella.

Indossava una camicetta che le lasciava scoperte schiena e pancia. Alcuni giorni indossava un sari e altri indossava i soliti vestiti occidentali. Si era fatta una reputazione per mostrare un bel po' di pelle.

Non so se ricevette un avviso dall'HR riguardo i suoi vestiti ma aveva un atteggiamento da "non me ne può fregar di meno". In questo libro, vorrei riferirmi a lei come Mel-B.

Sedeva vicino a me. Potevo dire fin dal principio che aveva avuto un periodaccio nel suo studio legale precedente, conosciuto per avere un terribile orario di lavoro.

Era il mio potere di osservazione o il suo linguaggio del corpo? Benché molto consapevole della moda, dovevo ancora vederla sorridere. Sembrava molto frustrata, a pezzi e con rabbia repressa.

Provai a lanciare una conversazione con lei per farla sentire a suo agio in un nuovo posto di lavoro (che era piuttosto diverso da come i miei pari cercarono di far sentire a mio agio me nel nuovo posto) ma non disse molto eccetto qualche risposta del tipo "già", "sì", "no grazie".

In molte occasioni, si rivelò piuttosto maleducata.

"SCUSA, LA STAMPANTE SI È ROTTA E NON RIESCO A STAMPARE UN DOCUMENTO, TI DISPIACEREBBE CHIAMARE IL TIZIO DELL'INFORMATICA", disse quasi urlando.

"Perché non chiami tu stessa il tizio dell'informatica?", ribattei.

"SONO NUOVA QUA E NON HO L'ESTENSIONE IT", disse ancora in maniera abbastanza sgarbata.

Così, chiamai l'IT e richiesi di aggiustare la stampante rotta.

Sembrava essere l'ultima persona con cui avrei potuto fare amicizia. Andiamo avanti velocemente di pochi mesi e vidi un'altra parte di lei.

Mel-B lavorava molto con sig. Tardi Nottelcolista. Stare a lungo in ufficio faceva star male anche lei ma per una ragione molto diversa.

Era un'estroversa totale. Ma anche gli estroversi hanno bisogno delle loro "nicchie ristorative".

Anche lei voleva lasciare l'ufficio alle 6.30 p.m. così poteva mangiare fuori e socializzare con il suo ragazzo e incontrare gli altri suoi amici. Ma come al solito, sig. Tardi Nottelcolista la faceva sedere fino a tardi. Gli incontri uno ad uno potevano essere fissati al pomeriggio ma sig. Tardi Nottelcolista li fissava deliberatamente dopo le 7.30 p.m. in modo che Mel-B fosse obbligata a stare fino a tardi.

Sig. Tardi Nottelcolista stava causando un sacco di problemi anche a me. Così, questo problema ci portò più vicini l'uno all'altra.

Mel-B era una vittima, dunque non esitai a condividere le mie sensazioni con lei. Lei si trovò d'accordo.

Lentamente iniziai a trovar gusto nei pettegolezzi dell'ufficio specialmente quando riguardavano sig. Tardi Nottelcolista.

Beh, riguardavano sig. Tardi Nottelcolista il più delle volte. Facevamo battute piuttosto meschine su di lui eppure erano tutte divertenti.

Condividemmo addirittura e-mail scritte al Capo Ufficio riguardanti sig. Tardi Nottelcolista. Le mostrai l'agenda che tenevo sul sig. Tardi Nottelcolista e sembrò molto divertita.

La mia relazione con Mel-B iniziò lentamente a sbocciare.

A proposito, Mel-B era molto amica di Susanna e la conosceva da prima. Avevano studiato entrambe nello stesso paese di Pune anche se in università diverse e condividevano la stessa camera.

Mel-B stava molto attenta a non metter su peso. Ogni giorno per pranzo comprava dello jogurt e papaya a pezzi. Saltava la colazione e a quanto diceva cercava di vivere con una dieta di 700 calorie. Beh, scoprirete presto che questo non era vero!

La maggior parte delle volte, Mel-B era piuttosto affamata. Lei e Susanna parlavano costantemente di esplorare nuovi ristoranti.

"C'è un nuovo ristorante messicano che è apparso dalle mie parti. Andiamo là stanotte", suggeriva Mel-B.

"C'è un nuovo ristorante kebab vicino all'ufficio. Incontriamoci lì", rispondeva Susanna.

"Ho l'acquolina", dichiarava Mel-B.

Si parlava di ristoranti e cibo tutto il tempo. Ordiniamo della pizza, prendiamo un panino da Mc Donald, no, i panini dell'Hard Rock Café sono molto migliori, andiamo a mangiare cinese, mangiamo qualcosa al curry, mangiamo questo, mangiamo quello...

Le loro conversazioni mi divertivano. A dieta di 700 calorie, piccola, e guarda l'argomento della discussione.

"Dove dovrei investire i miei soldi?

"Dovrei provare il deposito fisso o investire in azioni?".

"Che ne dici del fondo pubblico di previdenza?"

"Beh non penso sia una questione di questo o quello. Dovresti investire un po' di denaro in deposito fisso, un po' in capitale netto e un po' in fondo previdenza. In questo modo, puoi raccogliere i benefici di tutti e tre." Dissi con un filo di voce.

"Non investire mai del denaro in azioni perché non sei proprio un esperto", suggeriva qualcuno.

Iniziai a unirmi a queste piccole conversazioni.

Le ragazze ascoltavano attentamente.

Dopo tutto tenevano sempre gli occhi sugli uomini che potessero fare decisioni sensate riguardo alla loro ricchezza.

Non era solo Mel-B che era consapevole della sua salute. Ne ero consapevole anch'io. Ma diversamente da Mel-B che saltava la colazione e sopravviveva con papaya a pezzi e jogurt per pranzo, io avevo una decente colazione e poi portavo un vero e proprio pranzo da 3 portate in ufficio. (Questa storia l'ho condivisa in dettaglio nel mio libro "Home Style Indian Cooking In A Jiffy".)

Un'altra cosa buffa riguardo l'ufficio open plan

La maggior parte di noi considera gli uffici open plan un'invasione della privacy. Ciò può essere noioso.

Ma allo stesso tempo, la medesima concezione d'ufficio può proiettare una parte molto umana della tua personalità sui tuoi colleghi, il che può aprire la possibilità di sviluppare nuove relazioni.

Ero solito portare frutti in ufficio e mangiarli come snack di mezza mattina.

I miei colleghi lo notarono, grazie alla concezione dell'ufficio.

Se Mel-B apriva una busta nuova di patatine al mio fianco, non potevo fare a meno di sentire la busta aprirsi, l'odore salato, talvolta un po' puzzolente, odore di patatine, e sentire il suono di chi sta sgranocchiando qualcosa.

Talvolta, me ne venivano offerte alcune ma dicevo "no" molto educatamente. Perfino questo fu notato.

Mel-B e i suoi amici giunsero giustamente alla conclusione che mangio pezzi di papaya e melagrana come spuntino di mezza mattina ma evito di sgranocchiare patatine. Questo destò curiosità e lastricò la strada per ulteriori canzonature amichevoli.

"Ho visto che non mangi patatine", disse Mel-B.

"Si", dicevo.

"Ho visto che mangi frutti ogni giorno come spuntino", disse Mel-B.

"Si, amo la frutta. È così rinfrescante, specialmente a metà giornata", dissi.

"Perché non mangi patatine?", insisteva Mel-B.

"Perché non mi piacciono, semplicemente", dissi.

"Stai attento alla salute", chiese Susanna.

"Si. Mi fa sentire molto bene", dissi.

"Ma perché?", chiedeva Mel-B.

"Senti chi parla. Segui una dieta di 700 calorie e mi chiedi perché", cercavo di prenderla in giro.

"Ma noi non stiamo attenti alla salute", negò Mel-B canzonando amichevolmente.

"Allora ecco perché porti papaya e jogurt per pranzo e poi sgranocchi cheeseburger e buste di patatine", dissi scherzando.

Tutti scoppiarono a ridere. Potevo vedere la faccia di Mel-B diventare rossa. Anche Susanna iniziò a prendersi gioco di Mel-B.

Potresti trovare fastidioso questo tipo di conversazione ma per me era un momento di rottura del ghiaccio. Dopo questo, iniziai (iniziammo) a pranzare insieme allo stesso tavolo. Il più delle volte spettegolavamo o ci prendevamo in giro. I giorni dell'università erano come ritornati. Queste pause pranzo erano alquanto ristoratrici perfino quando non dicevo molto ma ascoltavo le altre persone stuzzicarsi a vicenda.

Le feste dopo l'ufficio

Iniziai presto a ricevere inviti a delle feste dopo l'ufficio da Susanna e Mel-B, proprio le colleghe che prima mi avevano ignorato. Eppure, stranamente, rifiutai tutti quegli inviti.

Mi sentivo strano. Non erano quelli i tipi di invito che prima bramavo? Ed ora li sto rifiutando. "Perché qualcuno vorrebbe festeggiare dopo un impegnato programma lavorativo settimanale", pensavo tra me.

"Perché non possono programmare le loro feste per una piacevole fine settimana. In quel caso sicuramente parteciperei".

Nei giorni di lavoro, preferivo ritornare a casa e trascorrere la serata con la mia famiglia. Ma mi domandavo sempre perché i miei colleghi non sembrassero affatto stanchi. Non era che loro avessero più robustezza fisica di me.

Infatti, quando si trattò di robustezza fu piuttosto l'opposto, per quanto riguarda scalare i gradini più in fretta.

Eppure, stranamente, i miei colleghi sembravano così entusiasti e ricaricati di festeggiare fino a tarda notte perfino nei giorni lavorativi.

Una volta rifiutai la richiesta di andare alla festa di compleanno di Susanna in un giorno della settimana. Penso si sia sentita offesa. Mi ha fatto star male ma io proprio non riuscivo ad andare alla festa dopo gli orari d'ufficio.

"Avrei dovuto accantonare i miei bisogni di ritornare a casa e partecipare alla festa per far felici i miei colleghi", mi sono sempre chiesto.

Ma grazie a Dio, non lo feci. Partecipare a quelle feste mi avrebbe lasciato estremamente stanco ed esaurito.

Dopo sarei diventato infelice, scontroso e pigro. Non il mio io abituale.

In più pensavo che non valesse proprio la pena di far felici Susanna e Mel-B al costo della mia felicità.

Non erano nemmeno mie amiche.

Semplici conoscenze.

Alcuni mesi prima neanche gli importava se i miei sentimenti fossero o meno feriti quando non venivo invitato.

Allora perché adesso dovrebbero riguardarmi i loro sentimenti?

L'autrice Sophia Dembling nel suo libro ha scritto un intero capitolo "Magic words to plug energy drains". Chiede agli introversi di prendersi cura per prima cosa dei loro livelli energetici e di non accettare pressioni per accettare tutti gli inviti alle feste da chiunque. Molto giustamente lei mette in chiaro che gli introversi sono sensibili, perfino ipersensibili ai messaggi sociali, e che ci sentiamo in obbligo di rispondervi a tutti. Le sue parole magiche:

"Non è un mio problema".

"Non è mia responsabilità".

Non esitare a rifiutare degli inviti. Se vengono urtati i sentimenti di qualcuno, non è un mio problema. La tua sola responsabilità in una situazione sociale è di essere il meglio di te stesso, "educato, amichevole e gradevole", come dice lei.

Anche il mio messaggio è lo stesso: per prima cosa prenditi cura dei tuoi bisogni.

Ero solito rifiutare immediatamente le occasioni sociali ma alcuni dei miei senior (forse anche loro degli introversi) partecipavano a queste feste saltuariamente e se ne andavano nell'arco di un'ora. Puoi anche seguire questo passo se ti senti obbligato a partecipare alla festa del tuo migliore amico. L'autrice Sophia Dembling nel suo libro discute perfino le scuse che puoi dire per lasciare la festa presto.

Quindi, come puoi vedere, al di fuori dalle ore d'ufficio, socializzavo a malapena.

Come compensavo?

I sabato (si, quest'azienda lavorava il primo e il terzo sabato del mese!), ci vestivamo meno bene del solito. Stavamo lavorando i sabato anche se non avevamo molto lavoro.

Infatti, lavoravamo a malapena! Invece, ci ritrovavamo con i colleghi dell'ufficio e di solito uscivamo verso qualche ristorante alla moda per pranzo e chiudevamo la giornata nel pomeriggio.

Iniziai a partecipare a queste feste-pranzo del sabato. In ogni caso, dovevo recarmi in ufficio e poi con i colleghi del mio ufficio uscire per pranzo. Queste feste, diversamente dalle feste a tarda notte dopo l'orario d'ufficio, non duravano molto. Due ore al massimo.

Per me era un'eccellente opportunità di compensare per le feste del dopo ufficio. Socializzi per pranzo, provi qualche buona cucina e poi parti per casa. Tutto in una giornata lavorativa, quella era vita!

I Ritiri - Il Momento Culminante della Socializzazione

Ogni azienda o compagnia che io conosca, aveva un ritiro annuale generalmente in una località all'estero o in un altro paese o città.

Usa quest'opportunità. Non dire mai no ad un ritiro sociale.

Non solo vedrai un posto nuovo ma ti aiuterà anche a costruire relazioni migliori con i tuoi pari.

Dovresti vederla come un'opportunità per viaggiare alle spese dell'ufficio senza prendere ferie.

Sig. Tardi Nottelcolista non andava ai ritiri sociali e invece diceva la scusa, come al solito, che era sovraccarico di lavoro. Che perdente!

La mia azienda aveva quattro uffici situati in varie parti dell'India e volammo a Goa per il ritrovo annuale di tre giorni. Il ritiro ebbe i suoi alti e bassi.

La parte più noiosa erano le sessioni che dovevamo frequentare. Alcune sessioni includevano discorsi motivazionali come "sii altrettanto energico al lunedì mattina come quando lasci l'ufficio il venerdì sera". Altre includevano discussioni riguardanti strategie di crescita, espansione, migliorare la struttura dell'organizzazione, insomma le cose che ti fanno sbadigliare.

Ringrazio che non ci fosse l'obbligo di frequenza per questo tipo di sessioni ed era possibile perdersele senza che nessuno ti notasse. Occasionalmente, potevo ritornare alla mia stanza per fare una pausa tranquilla.

Eravamo divisi in squadre basate su 8 clan di guerrieri dell'India medioevale. Alcune attività di squadra includevano la caccia del tipo 'cane nell'osso'. Era stupido ma divertente.

Le serate erano migliori. Festeggiare e ballare fino alle 3 del mattino era la norma. Furono queste le pochissime feste in cui mi divertii pienamente.

Insieme alla cena era servito dell'alcool. Assaggiai uno o due bicchieri non abbastanza per ubriacarmi.

Ad ogni modo, non sono un avido bevitore di alcool, se posso usare questo termine.

Ma era divertente vedere gli altri miei pari, colleghi e partner ubriacarsi. Il nostro Capo Ufficio in ufficio era sempre così iperattivo, talmente teso tutto il tempo come se stesse per avere un attacco di cuore. Eppure, con pochi bicchieri, vidi un lato completamente diverso della sua personalità. Diventava un 'giovialone'. Un tipo allegro e vivace che pensava di essere veramente attraente!

Poi c'era una signorina che lavorava nel dipartimento marketing. Si dimenticò il numero della sua stanza. Continuava a dire che il numero della sua stanza era 319, e la cara Susanna cercava di convincerla che la 319 era la stanza di Susanna e NON LA SUA.

Dopo la cena, iniziava il ballo. Si accendeva la musica e ci si aspettava che ognuno si buttasse nella mischia. Devo riconoscere che sono alquanto timido quando si tratta di ballare in pubblico. Ma nessuno ballava bene.

La gente ondeggiava goffamente e la cosa bella era che nessuno rideva.

Ognuno faceva finta di non accorgersene e se ne fregava di come veniva percepito ballando.

Questo mi fece aprire davvero.

Anche i miei amici erano molto incoraggianti (non pressanti!) su questo punto.

Uno dei senior con cui lavoravo mi chiese di buttarmi in pista. Così pure io mi unii al gruppo della festa. Quella notte lasciai semplicemente che prendesse il sopravvento il mio "lato estroverso", che come proclama qualche guru di auto-aiuto, una volta tanto dovresti liberare.

Non c'erano passi, rime, né ritmo. Quindi iniziai a ballare e a seguire qualsiasi passo mi venisse in mente. Mi piacque ballare con Susann e Mel-B. Come potevo dire di no?

La festa era finita, e dopo andai a sbattere dritto contro il letto.

I miei colleghi estroversi continuarono a resistere durante la notte e addirittura ordinarono alcuni panini alle 4 a.m. Come si può aver fame ad una tale ora assurda, mi domandai.

Il giorno si distribuirono dei premi per gli eventi dei vari ritrovi e il ballo era uno di essi. E puoi indovinare chi vinse il premio come partecipante più entusiasta?

Fui io. Ero del tutto colto di sorpresa. Sul premio che mi fu presentato era inciso "Due gambe sinistre".

A proposito, ero l'unico dell'ufficio di Delhi che aveva vinto un premio.

Gli altri erano andati tutti all'ufficio di Mumbai, il nostro rivale.

Ciò fece veramente gridare di gioia ed eccitazione i miei colleghi.

Ero considerato un eroe. L'unico salvatore dell'ufficio di Delhi. Wow, per quanto stupido suonasse, era troppo bello per essere vero.

Al terzo giorno, fummo portati a fare un giro in città. Anche il viaggio in pullman fu un bel momento per chiacchierare. Improvvisamente, l'impressione di Susanna e Mel-B su di me come ragazzo tranquillo cambiò. Mi dissero che erano molto orgogliose di me.

"Hai la capacità di diventare un buon ballerino. Forse dovresti prendere delle lezioni di ballo", raccomandarono sia Susanna che Mel-B.

"Grazie per le belle parole", risposi.

Il giro in città fu davvero esilarante. Stare nelle spiagge e visitare vecchie chiese costruite dai portoghesi nel '500 valeva ogni centesimo speso nella gita.

Dopo tutto, il ritiro era divertente. Io non mi consideravo affatto un tipo benvoluto. Ma penso che il ritiro aiutò un po' a cambiare la percezione che i miei pari avevano di me. Scommetto che anche i miei colleghi videro un lato diverso della mia personalità proprio come io potei sbirciare nelle loro.

Morale della Storia

Sii sincero con il tuo io interiore.

Ci saranno dei momenti in cui ti sarà chiesto di mostrarti più estroverso.

Potrebbero anche esserci dei momenti in cui ti senti come se non avessi alcun amico. I tuoi colleghi potrebbero non farti sentire a tuo agio nel posto di lavoro, o peggio potrebbero provare qualsiasi cosa per metterti il più a disagio possibile.

Non hai bisogno di compiacere nessuno o di provare che sei il tipo più benvoluto in circolazione. Non c'è bisogno di soccombere alla pressione di diventare più "socievole".

Cerca invece di essere naturale. Ti verranno incontro un sacco di opportunità per socializzare. Non hai nemmeno bisogno di cercare tali opportunità.

Gli argomenti che naturalmente ti interessano salteranno fuori nelle discussioni.

Unisciti a quelle discussioni che ti affascinano e troverai amici con interessi simili.

Quando partecipi alle feste a tarda notte usa la tua discrezionalità.

Quanto è importante per te?

Sono le nozze del tuo migliore amico?

O sono alcune conoscenze meno conosciute a chiederti di unirti per un bicchiere?

Non sentirti sotto pressione di dire 'si' a tutti gli inviti.

D'altro canto, non dire neanche 'no' a tutti gli inviti.

Fai un bilancio. Potresti decidere di andare ad un paio di inviti alla settimana/mese/anno e quindi ricompensarti passando del tempo in solitudine.

Ricorda sempre che si tratta di qualità e non di quantità. Come dice Susan Cain riguardo agli eventi di networking: "una nuova relazione genuina vale dieci manciate di biglietti da visita".

Cerca altre opportunità di socializzare. Unisciti ai colleghi per pranzo se ti va, o a un comitato di volontariato professionale, o rappresenta la tua azienda negli sport, qualsiasi cosa che ti faccia sentire a tuo agio.

Dì sempre 'si' ai ritrovi e ai viaggi. Non solo otterrai un'opportunità di vedere un posto nuovo a spese dell'ufficio senza prendere ferie, ma potresti perfino migliorare i tuoi rapporti con colleghi e amici.

Capitolo 5: Scrivere, Parlare, Fare Ricerca e Analisi: Le Cose che Hanno Funzionato Per Me e Cosa Puoi Imparare

Io non calzavo in uno tipico stereotipo dell'avvocato d'azienda. Odiavo lavorare molte ore. Non ero il tipo ardito, aggressivo, che pesta i pugni sul tavolo. Né ero un venditore, benché in genere vestissi formalmente e piuttosto adeguatamente.

Eppure avevo tutte le capacità e le competenze base per essere, ehm... un grande avvocato d'azienda. Avevo la capacità di scrivere bene e fare buone ricerche, spiegare gergo legale complesso ai clienti in termini chiari, ed ero attento ai dettagli, per individuare potenziali 'problemi', il tipo di cose in cui gli introversi possono essere più forti delle loro controparti estroverse.

Potresti essere in un'altro settore. Ma che sia un ragioniere, banchiere, consulente, o professionista informatico, i tuoi lavori includeranno la creazione di rapporti, analizzare fatti, sviluppare nuovi prodotti o progettare soluzioni. Dovresti assicurarti che questo sia il luogo e l'opportunità in cui vorrai brillare come introverso.

Notai con sorpresa che generalmente trascorrevo più tempo a prepararmi dei miei pari estroversi. Più tardi appresi che come introverso, è probabile che passi più tempo a pensare bene ai tuoi traguardi e ad analizzare rispetto ai tuoi amici estroversi. Jennifer Kahnweiler addirittura riconosce questo come il secondo punto di forza che lei chiama '**Preparazione**' nel suo libro.

Quindi, anziché metterti sulla difensiva, dovresti lavorare a sviluppare ancora di più questa capacità. Questa è la tua opportunità per lasciarti alle spalle i colleghi.

Preparandoti ampiamente, avresti avuto l'occasione di afferrare prontamente un problema o una situazione, mostrando di saperne più dei tuoi pari. Non lasciartela scappare.

Dunque ecco le cose che con me funzionarono bene.

Preparare presentazioni power point

In quanto associati junior, talvolta ci facevano parlare di un argomento usando presentazioni power point. Quindi, dovevamo preparare queste slide e inviarle ai nostri senior in anticipo sull'evento del discorso.

Una di tali occasioni fu quando noi, cinque associati junior, dovevamo fare una presentazione su come affrontare l'analisi dei conti. Io scelsi l'aspetto finale dell'analisi dei conti in quanto avevo più familiarità nel riesaminare accordi di prestito per transazioni precedenti.

Per risparmiare sul tempo e per nostra comodità, il nostro senior fu abbastanza gentile da consegnare un foglio di dimensioni A-4 stampato con un elenco puntato sull'argomento. Mentre la maggior parte dei miei colleghi ne sembrò molto felice, gli elenchi puntati sulla finanza mi lasciarono alquanto confuso.

La metà degli indicatori non aveva senso secondo me. Fu usato un sacco di complesso gergo legale.

Gli indicatori di un rigo sembravano più pezzi di un puzzle del Codice Da Vinci dove mi rimaneva da decifrare il codice e indovinare cosa voleva dire il mio senior.

Forse la mia comprensione della legge era limitata.

Il senior aveva scritto gli indicatori dalla sua prospettiva, quindi per lui avevano senso compiuto mentre io rimanevo a interpretare come dalla mia comprensione, una sensazione che non mi piacque. Sapevo che non sarei stato capace di parlare coerentemente sul problema se non capivo cosa stavo realmente dicendo.

Anche i partner avrebbero partecipato all'evento e ci avevano avvertito in anticipo che avrebbero fatto domande se sospettavano che le cose non ci fossero chiare.

Avevamo avuto solo due giorni per preparare le nostre slide. Susanna era molto curiosa di vedere i miei indicatori. Sembrava del tutto normale. Mi resi conto che Susanna avrebbe potuto iniziare a parlare di qualsiasi argomento anche se non lo capiva pienamente e coerentemente.

A questo punto, invidiai alquanto i miei colleghi estroversi che potevano parlare di ogni argomento senza molta preparazione o bisogno di organizzare i loro pensieri prima di parlare.

Semplicemente prendere un argomento e boom, per i prossimi cinque minuti puoi parlare di qualcosa!

Questa sensazione mi mise ancora più a disagio. E se non fossi stato in grado di dire neanche una frase in pubblico, pensavo tra me.

Quindi un po' di preparazione andava fatta. I miei colleghi copiarono semplicemente gli stessi puntatori nelle loro slide power point e le consegnarono al senior in carica.

Quanto a me, alcuni indicatori continuavano a non avere senso per me perfino dopo che li lessi per la centesima volta.

In qualche modo ero troppo diffidente per avvicinarmi al mio senior e chiedergli cosa intendesse realmente.

Potrei finirla provando di essere uno scemo, pensavo tra me.

Mi avvicinai invece ad altri senior che pensavo avrebbero giudicato di meno.

Per mia sorpresa, anche loro ebbero alcune difficoltà ad interpretare quegli indicatori. Qualcuno provò valorosamente a spiegare, ma rimase tutto un po' troppo complicato per me.

Poi arrivò la mia soluzione magica.

La soluzione era che io riscrissi i medesimi indicatori a parole mie. Pensai alla mia esperienza nella revisione di accordi di prestito.

Quali erano i tipici problemi che cercavo, quando rivedevo questi accordi? Pensai a fondo e feci alcuni indicatori su questo.

Poi, cancellai gli indicatori che secondo me non avevano alcun senso. Dopo tutto, come posso parlare e rispondere a domande che neanche io capisco.

Invece, aggiunsi qualche indicatore che pensavo fosse abbastanza importante evidenziare ma che, per qualche ragione, furono ignorati dal mio senior.

Il terzo tipo di indicatori erano nella linea di demarcazione. Gli indicatori menzionavano le norme importanti che regolano la finanza ma non spiegavano cosa fossero e perché fossero importanti da meritare di essere menzionate.

Non volevo cancellare questi indicatori perché pensavo che se queste norme erano in qualche modo importanti allora poteva arrivarmi una domanda sul perché avevo lasciato scoperte tali questioni.

Così feci un pochino di ricerca su di esse.

Controllai in biblioteca per libri statutari e commenti in materia.

C'erano ben 10 volumi di commenti sull'argomento! Impossibile per chiunque leggere e comprendere tutti i 10 volumi in una volta sola. Presi il primo volume e cercai di capire dal primo capitolo di che cosa trattassero le norme.

Questo fu un poco utile. Dunque, ne ricavai alcuni indicatori di base. Feci anche qualche ricerca in internet e qualche altro indicatore. Infine le slide della mia presentazione erano pronte.

Ancora non ero sicuro se avevo fatto correttamente le slide. Prima di mettermi in imbarazzo pubblicamente sarebbe stato meglio ascoltare le opinioni di qualcuno, pensavo tra me.

Così, inviai una e-mail al mio senior (che aveva scritto gli indicatori iniziali) chiedendogli un'opinione sulle slide della mia presentazione. Ritornò la risposta dicendo che i miei indicatori andavano bene. Questo mi confortava e riassicurava che non c'era niente di sbagliato.

L'evento del discorso doveva iniziare alle 10.00 a.m. in punto del giorno dopo. Mi precipitai in ufficio alle 9.30 così da poter avere occasione di rivedere ancora quelle slide e rinfrescarmi la memoria.

Poi tutti noi ci spostammo in una sala riunioni dove un computer portatile era collegato a un proiettore. Lentamente, tutti i nostri senior, altri associati A-2 e A-3 e partner, gironzolarono dentro e presero posto a sedere.

Il discorso era finalmente iniziato.

Mi sentii grato di non essere il primo oratore dell'evento. Per prima, iniziò a parlare Susanna.

L'ascoltai attentamente e vidi le sue slide sul grande schermo. Le sue slide erano molto generiche e non fece alcuna analisi approfondita.

Il turno successivo era di Mel-B. Le sue erano come quelle di Susanna.

Poi venne il mio turno. Afferrai la sedia calda, presi un profondo respiro e iniziai a parlare.

Prima parlai un po' di cosa dovrebbero veramente cercare gli associati junior quando riesaminano gli accordi finanziari, i trabocchetti comuni e come evitarli al meglio.

Mentre parlavo potevo vedere i miei senior annuire con la testa.

Infine toccai le norme importanti che regolavano il campo.

Cercai di spiegare in un linguaggio semplice queste norme, come incidono sugli accordi finanziari e come gli associati junior possono tenere a mente queste norme mentre riesaminano gli accordi.

Ed era tutto. Quando terminai di parlare, il senior che aveva scritto gli indicatori iniziali disse che fino a quel punto la mia presentazione era la migliore.

Iniziarono a parlare gli altri miei colleghi.

Alcuni addirittura usarono i miei punti per illustrare i loro o perfino fare riferimento alla mia presentazione dicendo cose come "penso che Prasenjeet abbia già trattato questo argomento con dettagli esaurienti per cui semplicemente toccherò questi altri argomenti."

Dopo che erano terminati i discorsi, molti dei miei altri senior vennero a congratularsi con me per aver dato la miglior presentazione del giorno: pulita, ben organizzata, chiara, vivace, e pertinente.

Il senior che mi aveva inviato una lista di indicatori complicati mi domandò da dove avevo trovato i miei indicatori. Gli dissi che siccome trovavo i suo indicatori un po' difficili da capire li avevo semplicemente riscritti a parole mie.

"Grandioso amico! Ma ciò significa anche un sacco di duro lavoro", si complimentò.

E così, in questo modo la mia giornata era conclusa.

Voglio dire che benché Susanna e Mel-B fossero molto più eloquenti di me e sapevano parlare di qualsiasi argomento con poca preparazione, fu il sinceramente tuo colui che se ne andò con tutte le lodi. Questo fu possibile semplicemente perché avevo pensato molto accuratamente alla struttura della mia presentazione.

Significava naturalmente che dovevo lavorare molto più duramente dei miei pari.

Impegnarsi nell'Analisi dei Conti

Quand'ero nella squadra dei mercati azionari, ci fu chiesto di fare l'analisi dei conti di un'azienda di commercio energetico che stava per lanciare le sue quote nella borsa valori nazionale. Il compito implicava rivedere il documento di offerta dell'azienda, un documento che spiegava il perché l'azienda avesse bisogno di raccogliere soldi, qualora l'azienda avesse fatto profitti o perdite e così via.

Generalmente l'analisi finanziaria dei conti viene fatta dai banchieri dell'azienda ma anche noi avvocati facemmo delle diligenza finanziaria che implicava a dir poco far coincidere cifre menzionate nel documento di offerta con il foglio di bilancio dell'azienda.

Buffamente, per l'analisi dei conti i banchieri contavano il più delle volte sugli avvocati (incluso finanziari) e quasi non facevano niente per conto proprio. Alla fine, noi avvocati dovevamo confermare ai banchieri che era tutto a posto e i banchieri si affidavano a questa conferma. Qualsiasi errore e i banchieri potevano intentarci causa per questa 'conferma' sbagliata.

Era l'ultimo giorno di revisione del documento di offerta. Dovevamo inviare i nostri pareri ai banchieri dell'azienda e all'azienda.

Il documento di offerta doveva essere catalogato il giorno dopo con il regolatore finanziario.

L'azienda non ci aveva ancora fornito i suoi fogli di bilancio annuale perfino quando ne avevamo fatto specifica richiesta. L'azienda rimase in silenzio per mesi nonostante ripetute richieste.

Finalmente, il giorno prima della catalogazione, verso le 6.30 della sera, l'azienda ci fornì i suoi fogli di bilancio.

Pensai che fosse qualcosa di sospetto. L'azienda deliberatamente non voleva che noi rivedessimo i loro fogli di bilancio. Per cui rimasero silenziosi per mesi. Ora, all'improvviso e all'ultimo momento, ci fornivano ciò che avevamo chiesto, scaricandoci il peso e dandoci pochissimo tempo per rivedere efficacemente questi documenti.

I miei altri colleghi non volevano esaminare quei documenti. Quindi, il mio senior mi chiese se volessi esaminarli nel pomeriggio.

Accettai la richiesta senza protestare ma chiesi al mio senior se potevo esaminare quei documenti da casa. Il mio senior acconsentì.

Così ritornai a casa, mi rinfrescai e iniziai ad esaminare quei documenti quando mi sentii un po' meglio. Per mio orrore, le cifre non combaciavano. L'azienda aveva riportato le perdite nel suo foglio di bilancio, mentre avevano riportato i profitti nei loro documenti di offerta.

L'azienda voleva chiaramente imbrogliare noi e gli investitori. Così, questa fu la ragione per cui l'azienda non voleva che esaminassimo i loro fogli di bilancio, pensai tra me.

La parte peggiore era che mentendo e nascondendo i fatti, l'azienda risultava essere totalmente stupida, NON furba. Anche il regolatore finanziario fa la sua analisi dei conti. Se scopre che l'azienda stava mentendo allora avrebbe potuto imporre un'interdizione. Potevano essere nei guai, non solo l'azienda ma anche i suoi banchieri.

Ovviamente, l'azienda aveva agito per ignoranza. Era nostro dovere verso l'azienda, i banchieri e gli investitori in generale che issassimo una bandiera rossa.

Così, chiamai immediatamente il mio partner e gli dissi che l'azienda aveva rappezzato le sue cifre nel loro documento di offerta.

Il mio partner mi collegò immediatamente a una chiamata conferenza con uno dei direttori.

Il mio partner domandò al direttore molto severamente su questa faccenda. Prima il direttore finse che tutto fosse normale.

Poi gli dissi che le cifre nel documento di offerta erano tutte sbagliate.

Il direttore balbettò un po'. In ultimo, accettò di correggere la porzione di cifre del documento di offerta.

Quella notte l'azienda corresse le sue cifre, e rispedì il documento per una revisione.

Naturalmente dovevo ricontrollarlo e vedere che le cifre fossero tutte corrette.

Una volta che approvai il documento, il mio partner diede garanzia ai banchieri dell'azienda e il documento fu inviato al regolatore finanziario per essere esaminato.

Il mio partner mi lodò per l'attenzione ai dettagli e per aver salvato l'ufficio intero dall'imbarazzo e molto peggio.

Questo fu certamente uno dei miei momenti più apprezzati.

Scrivere e Fare Ricerca

Abbastanza spesso, venivo lodato per le mie abilità di scrittura e ricerca. I partner apprezzarono apertamente la mia abilità di leggere una nuova legge e fare degli indicatori semplici e concisi sui cambiamenti introdotti dalla nuova legge e le altre sue caratteristiche salienti.

Una volta mi fu chiesto di fare una richiesta impegnativa su una legge molto oscura dove non c'erano casi ben definiti e su cui l'autorità indiana era molto debole. Alcuni degli altri miei colleghi avevano già lavorato in precedenza su questa faccenda ma avevano solamente scaricato sentenze da internet e basta.

Il mio Capo Ufficio, provenendo da Oxford, aveva familiarità con la legge inglese, che in merito era molto ben sviluppata. Sapendo che anch'io avevo studiato legge in Inghilterra, il Capo Ufficio chiese a me di preparare un indicatore di una pagina sulla posizione presa dalla legge inglese. Comunque, il Capo Ufficio suonò un po' insicuro su cosa voleva realmente.

Così preparai pochi indicatori netti sull'argomento e alla sera li mostrai al mio Capo Ufficio. Sembrò perfino più confuso.

"È questo", disse.

Guardai un po' perplesso.

"Ma signore, lei mi ha chiesto di preparare un sommario di una sola pagina", dissi.

"Si, ma non hai risposto alla mia domanda. Hai solo riepilogato nettamente la legge inglese. Qual è la posizione nella legge indiana? È la stessa della legge inglese o diversa", ribatté.

"Quando mi puoi spedire il rapporto?", chiese.

Era giovedì sera. Vedendo l'umore del mio Capo Ufficio, dissi che lo avrei fatto quella notte stessa.

Suonava folle. Preparare un rapporto di 20 pagine con ricerca annessa per la notte?

Il Capo Ufficio si calmò un po'.

"No, prenditi il tuo tempo. Mi hai già spedito un sacco di m***a. Non voglio che mi invii altra m***a. Prenditi il fine settimana e inviami un nuovo rapporto per lunedì mattina", disse.

Grandioso, il mio fine settimana ora era guastato completamente. Stavo già lavorando su un'altra transazione di mercato azionario ed ora dovevo fare qualche ulteriore ricerca 'non fatturabile' durante il fine settimana.

Non avevo scelta che dire di sì e acconsentire alla nuova scadenza.

Il venerdì sera, dopo aver terminato il mio lavoro fatturabile, cercai di leggere il più possibile sull'argomento.

Presi in prestito alcuni libri dalla biblioteca e promisi al bibliotecario di restituire quei libri per lunedì mattina.

Il bibliotecario fu abbastanza gentile da concedermi questo permesso.

Ottenni anche copie soft di sentenze scaricate dai miei colleghi per scoprire il livello di ricerca che loro avevano già portato avanti sull'argomento.

Dopo essermi fatto un'idea della materia, iniziai a preparare il rapporto il sabato mattina.

Dai libri dei commenti, avevo compreso la sottile differenza tra la legge inglese e la legge indiana. Così, prima riassunsi la differenza nel paragrafo di apertura.

Poi, feci un piccolo sommario dei tutti i casi principali nella legge indiana che erano stati scaricati dai miei pari.

Poi cercai su Westlaw UK, un database online, con cui ha familiarità ogni studente di legge inglese. Il mio studio legale fortunatamente era abbonato a questo database e mi aveva inviato la password. Facendo ricerche con parole chiave, riuscii a scaricare pochi altri casi e alcuni commenti sullo stato attuale della legge inglese. Questo significava che dovevo leggere e ricercare perfino di più.

La domenica mattina, avevo finito con tutta la ricerca sulla legge inglese. Ora, dovevo riepilogare quei commenti e casi che avevo ritenuto rilevanti.

Per far sembrare organizzato il rapporto, misi con cura le intestazioni. Nel mezzo, gettai alcune delle mie osservazioni personali sull'argomento.

La domenica sera, stavo correggendo la mia prima stesura per assicurarmi che sembrasse tutto in ordine e non una mescolanza sconnessa e disorganizzata di materiale sparso. Il Capo Ufficio sembrò già piuttosto frustrato e io non volevo certamente aggiungere benzina sul fuoco.

Rilessi attentamente il documento diverse volte e lo mostrai perfino a mio padre, giusto per controllare il fluire generale del rapporto.

Quando tutto era finito, presi un lungo respiro, allegai il rapporto ad una e-mail di accompagnamento e li spedii al mio Capo Ufficio. Avevo terminato la domenica a tarda notte.

Quando mi svegliai al mattino, la prima cosa che feci fu di controllare le mie e-mail. Non era arrivato alcun nuovo messaggio.

Mi feci una doccia, colazione e raggiunsi l'ufficio alle 9.30 a.m. come al solito. Mi ero preparato ad ulteriori interrogatori e attacchi.

Un rapporto dettagliato di 20 pagine lascerebbe il Capo Ufficio ancora più confuso di prima, pensavo.

Potevo immaginarmi il Capo Ufficio che gridava a squarciagola nel leggerlo.

Passò vicino al mio cubicolo ed effettivamente gridò abbastanza forte come mi aspettavo. Ma era:

"Lavoro ben fatto", disse.

Tutti i miei pari inizialmente guardarono un po' frastornati e poi mi guardarono con ammirazione.

Ero sorpreso.

Il Capo Ufficio mi chiamò nella sua cabina e disse:

"Ho avuto modo di leggere il tuo rapporto. Non sapevo che la legge indiana trattasse la materia diversamente dalla legge inglese. Questo vuol dire che non abbiamo bisogno di riscrivere certe clausole nei nostri accordi quando entriamo in transazioni future. Sto inviando il tuo rapporto agli altri partner di quest'ufficio e dell'ufficio di Mumbai".

Così il mio rapporto fu accolto molto bene.

Mi sentii così sollevato.

Avevo consumato tutto il mio fine settimana lavorando su questo rapporto.

Ero stanco. Ora avevo bisogno della mia pausa tranquilla.

Nell'arco di alcuni giorni successivi, parte dei senior venne da me, chiedendomi di inviare quel rapporto per e-mail. Ero così eccitato ed ero occupato a spedire e-mail su e-mail alle persone che mi chiedevano il rapporto.

Era quasi una scena. Susanna e Mel-B non poterono fare a meno di notarla.

Alcuni dei miei senior addirittura mi fece i complimenti incoronandomi come il "Re della legge inglese".

Dovetti mormorare educatamente che non ero re ma solo un comune associato a cui era stato chiesto di fare una ricerca dettagliata.

Ma rimasi al settimo cielo per un bel periodo.

Prendere iniziative

I nostri quartieri generali di Mumbai erano soliti tenere in un posto centrale ogni sorta di utili appunti, articoli, presentazioni e liste di controllo. Questo sistema si chiamava "Knowledge Management" (gestione della conoscenza, NdT).

Sia gli avvocati senior che i junior (sotto la guida dei senior) erano incoraggiati a scrivere i loro articoli o preparare le loro liste di controllo e affidarle alla cellula di knowledge management.

Durante le esercitazioni di analisi dei conti, dovevo vedere un sacco di archiviazioni di borsa valori dell'azienda. La revisione implicava controllare se l'azienda stava presentando tutti i suoi documenti importanti sulla borsa valori su base quindicinale, mensile, semestrale o annuale.

Le norme erano le meno utili e le liste di controllo preparate in passato aiutarono ulteriormente ad aumentare la mia confusione. Il peggio era che ai miei senior, come alla sig.na Regina dei Pasticci, non poteva neanche importare di meno.

Così, nel mio tempo libero, riscrissi la lista di controllo esistente usando le mie esperienze di ciò che mi confondeva.

Semplificai la lista di controllo in maniera tale che perfino un ragazzo di scuola media poteva esaminare le archiviazioni della borsa valori.

Presentai la lista di controllo alla cellula knowledge management, e furono sorpresi di ricevere una lista tale da un modesto associato junior. Nondimeno, dopo qualche controllo. accettarono la lista di controllo in quanto avrebbe potuto aiutare altri associati junior.

Alcune mie altre iniziative includevano fare delle 'Bibbie Documentali' e assicurarmi che la biblioteca ne avesse una copia.

Ogni volta che andava in porto una transazione, gli avvocati dovevano catalogare tutti gli accordi e i documenti miscellanei in un grande raccoglitore per riferimenti e controlli futuri, qualora richiesti. Questa si chiamava "Bibbia Documentale". Ciò implicava stampare e mettere insieme tutti i documenti, fare un indice, ed etichettare chiaramente i gruppi di file cartacei. Era un lavoro discretamente noioso e non voleva farlo nessuno.

Molte volte si creavano queste bibbie ma non le si consegnava alla biblioteca. Questo perché fino ad allora i senior sarebbero stati occupati in altre transazioni e si sarebbero dimenticati di questi documenti.

Mentre mi assicuravo che tutti questi documenti raggiungessero la biblioteca in sicurezza, i miei colleghi estroversi prendevano iniziative per essere nel comitato sociale responsabile di organizzare drink e altri eventi sociali.

Dal mio secondo anno in poi, iniziai a insegnare ai miei associati junior a creare bibbie documentali e presentarle alla biblioteca.

Sono sicuro che avrai simili opportunità di prendere iniziativa nel tuo posto di lavoro.

Fai tutto ciò che ti soddisfa.

Cos'è che ti piace fare veramente?

Magari scrivere articoli, aiutare la biblioteca o creare database in generale per tutto ciò che fai nel tuo campo.

Questo è un altro modo per farsi notare.

Le interazioni uno-ad-uno con i superiori e i capi squadra.

Gli introversi potrebbero non essere così bravi a socializzare con le persone a cene festive o eventi di networking ma quando si tratta di interazioni uno-ad-uno, puoi avere un impatto molto forte e duraturo sui tuoi amici, superiori e capi squadra.

Pensa alle situazioni in cui hai usato interazioni uno-ad-uno.

Era con un amico, parente, nel tuo lavoro o da qualche altra parte?

Quale fu il risultato?

Intraprendere l'analisi dei conti nell'ufficio del cliente, viaggiare e fare ritiri mi fornirono un'opportunità molto positiva per interagire su base uno-ad-uno con i miei capi squadra e a volte con i miei partner.

Troverai i dettagli nel Capitolo 2.

Morale della Storia

Mentre i miei colleghi estroversi erano davvero bravi a vendersi e vantare la loro competenza e astuzia, quando si arrivava al fulcro del lavoro, trovai di saper brillare più di tutti questi colleghi.

Nessuno riusciva ad eguagliare le mie capacità di scrittura, ricerca, presentazione, individuazione di potenziali problemi, consigliare e preparare liste di controllo, proprio le abilità che formano la base di un grandioso lavoro legale d'azienda.

Un sacco di ricerca effettivamente prova che gli introversi possono rendere più dei loro colleghi estroversi quando si tratta di scrivere, ricercare, preparare e analizzare. In realtà, gli introversi potrebbero tendere a prepararsi troppo. Questa è una forza che può farti (come introverso) brillare quando si viene alla competenza centrale del tuo lavoro.

Potresti appartenere ad un settore differente. Ma il fulcro del tuo lavoro si porta dietro cose quali preparare rapporti, analizzare dati o creare nuovi prodotti o soluzioni, dovresti sapere che queste sono le cose in cui sono veramente bravi gli introversi.

Se non sei capace di concentrarti sugli incarichi sotto mano, pensa perché?

Cosa davvero ti turba?

Ti stai prendendo abbastanza tempo da solo per fare un buon lavoro?

Ricorda che tutti i compiti che ho descritto in questo capitolo sono stati fatti in solitudine. Ero da solo, in tutte le circostanze, a fare il mio lavoro o da casa o da un luogo tranquillo nel mio ufficio.

Molte volte sarai accusato di non essere un giocatore di squadra.

Ma tieni a mente che la collaborazione può arrivare in forme diverse.

Fai al meglio la tua parte.

Le esercitazioni di analisi dei conti in cui sono stato coinvolto venivano fatti sempre in squadra. Io assicuravo che qualsiasi cosa esaminassi fosse al meglio della mia capacità. Anche tu potresti essere in una situazione simile. Pensa a fare la tua parte al meglio delle tue capacità.

Se il tuo lavoro richiede di parlare in pubblico o fare presentazioni power point, preparati bene. Chiedi un avviso anticipato o tempo aggiuntivo per prepararti ai tuoi colleghi e capi squadra. Pensa sempre a chi ascolta e ai loro interessi, le domande ovvie che potrebbero esser fatte e andrai bene.

Capitolo 6: Rubare Credito, Favoritismo e Pugnalate alle Spalle: Le Cose che Non Mi Andarono Così Bene

———

Ad essere sincero, non era tutto eccellente.

C'erano un sacco di cose che non mi andavano bene. Questi problemi esistono nella maggior parte degli uffici.

In questo capitolo, mi prefiggo di condividere tali problemi comuni ai luoghi di lavoro e come meglio affrontarli.

Prendersi il Merito per il Lavoro di Qualcun Altro

Gli introversi soffrono spesso della "sindrome di sottovendita". Almeno io ne soffrii piuttosto malamente.

Così, mentre era alquanto naturale per i miei colleghi estroversi di vantarsi di come trattavano i clienti, rimanevano fino a tardi per completare un progetto, avevano esperienza di una transazione internazionale e così via, io avrei lavorato tranquillamente su materie simili senza far alcun baccano. Una volta mi fu detto dal Capo Ufficio che mi mancava la "spavalderia" e in questo senso ero indietro rispetto ai miei pari.

I miei colleghi estroversi eccellevano nell'abilità di far sembrare tutto grande. Una piccola ricerca diventava una ricerca pionieristica dirompente. Abbozzare un piccolo capitolo poteva esser fatto sembrare come un sacco di duro lavoro e così via.

Devo ammettere che non ero proprio bravo a vendermi a lavoro. Proprio non era nella mia natura vantarmi delle cose che facevo.

Perfino nei giorni in cui ero lodato per aver individuato un problema salvando l'azienda dall'imbarazzo o per aver fatto una ricerca che ebbe conseguenze a lungo termine per come venivano abbozzati gli accordi, non ero io la persona che corre tutt'attorno dicendo agli altri dei miei conseguimenti.

Talvolta sentivo che questo occasionalmente faceva pensare ai miei superiori che ero meno carico di lavoro specialmente quando potevo lasciare l'ufficio alle 6.30-7.00 p.m. nella maggior parte dei giorni e continuare a lavorare da casa. Sentivano anche che i miei pari estroversi avevano più esperienza e fiducia.

Il peggio era che molte volte i miei colleghi addirittura rubavano le mie idee, le presentavano come loro e neanche riconoscevano il mio contributo.

Questo mi succedeva quando stavo lavorando nella squadra dei mercati azionari. La mia squadra aveva quattro membri, un associato junior, a parte me, un capo squadra e un partner. L'altra collega era una ragazza che si era unita all'ufficio di Delhi dopo aver trascorso un anno e mezzo nell'ufficio di Mumbai.

Eravamo entrambi associati di livello A-2 ma lei era molto brava a vendersi come una con un sacco di esperienza, avendo fatto un bel po' di lavoro nei mercati azionari nell'ufficio di Mumbai. Era rozza, altisonante e suonava invero ultra fiduciosa e ultra sicura di sé, se posso usare questo termine.

Mi piacerebbe riferirmi a lei come la sig.na Senior Partner. Era tempestosa, i tipi che pestano sul tavolo, una ragazza estremamente assertiva. Parlava ai suoi amici colleghi come se fossero studenti part-time di collocazioni azionarie in vacanza estiva.

Una volta fu abbastanza generosa da portare i suoi colleghi della squadra aziendale fuori ad un pranzo costoso in un hotel 5 stelle, in cui dopo lei stessa pagò tutti i conti! Fui abbastanza fortunato da essere incluso nella squadra dei 'junior' che furono trattati così e quindi soffrii felicemente i suoi consigli a proposito delle nostre carriere, dove eravamo diretti, alcune cose che si devono o non si devono fare dal suo punto di vista, cosa farà buona figura nei nostri curriculum ecc.

Mi piaceva la sua generosità ma non mi piaceva il modo in cui stava cercando di 'avviarmi' come se fossi qualche sorta di delinquente. Dopo tutto, lei era semplicemente un altro associato di livello A-2 come me.

Alle riunioni, se la sig.na Senior Partner era in disaccordo su qualcosa, andava fino in fondo per convincere il partner ad accettare il suo punto di vista. E se il partner non era d'accordo, lei insisteva finché il partner diceva 'va bene'. Generalmente era molto arrogante, verbosa ed eloquente.

Una volta la sig.na Senior Partner mi si avvicinò affinché lavorassi con lei a preparare una guida Q&A sui mercati azionari indiani. La stava scrivendo per una prestigiosa rivista internazionale.

Questo era un lavoro non fatturabile e benché non valesse strettamente verso un avanzamento alla fine, prendendo iniziative si prendevano alcuni crediti extra. In più, scrivere una guida per una rivista legale internazionale era qualcosa che trovai attraente.

Così, dissi di si.

Dividemmo il lavoro in base all'impegno del nostro programma di lavoro. C'era un totale di 30 domande a cui bisognava rispondere. Di queste, io scrissi 10 risposte e lei scrisse le rimanenti 20.

Quindi feci 1/3 del lavoro.

Il mio errore fu che non feci alcuna domanda riguardo l'ottenimento del merito del mio contributo.

Un altro errore fu che non informai nessuno che stavo lavorando a questa guida.

Sig.na Senior Partner pubblicò l'articolo in internet e non mi disse mai quando l'aveva fatto.

Diventai occupato con i miei progetti fatturabili e mi dimenticai della guida.

Fu solo pochi mesi dopo che mi resi conto che l'articolo fu pubblicato senz'alcuna menzione del mio nome nella sezione collaboratori.

Sig.na Senior Partner aveva presentato l'intero lavoro come suo senza riconoscere che avevo contribuito ad un terzo della guida.

Mi resi conto che per me era troppo tardi per agire. Tuttavia presi in considerazione il ricorso alle seguenti possibili azioni:

Uno: Affrontare sig.na Senior Partner sull'argomento, dirle di correggere l'articolo online ed includere il mio nome come collaboratore oppure minacciare di aggravare la faccenda.

Pensai che per quello fosse troppo tardi. L'articolo era già stato là fuori per mesi e non sembrava che fosse possibile lo si potesse correggere.

Due: Parlare della questione all'HR e al mio partner.

Ora, sapevo che il mio partner era influenzato pesantemente a favore di sig.na Senior Partner (troverai di più su di questo nella prossima sezione sul favoritismo). Quindi era più probabile che non avrebbe fatto niente. In più i miei problemi con sig. Tardi Nottelcolista erano piuttosto recenti e freschi. Non volevo suonare come un piagnone perpetuo.

Inoltre, si sarebbe potuto sollevare una bellissima domanda sul perché fossi rimasto in silenzio per mesi e ora improvvisamente decidevo di sollevare questo problema?

Affrontando una tale logica, scelsi di rimanere in silenzio. Scrivere un articolo per una rivista legale internazionale non era importante al momento di venire considerato per una promozione, ragionai.

In più, avevo già pubblicato alcuni articoli e liste di controllo sotto il mio nome in giornali di portata simile. Quindi, sollevare la questione senza necessità mi avrebbe causato solo più danni che bene.

Perciò, decisi di andare oltre e lasciare che lei si tenesse il merito per aver scritto l'articolo tutto da sola. Dopo tutto, lei aveva fatto i 2/3 del duro lavoro sulla guida.

Avrei dovuto comportarmi diversamente?

Lascia che sia molto franco. Più ci penso, più sento che avrei potuto biasimare nessun altro che me stesso per essere stato ingannato.

Perché non avevo le idee chiare riguardo a chi si prende il merito per fare cosa?

Perché non avevo posto la questione con la sig.na Senior Partner prima di dire si?

Perché non avevo chiesto alla sig.na Senior Partner di farmi sapere quando si sarebbe pubblicato l'articolo?

E poi, perché non avevo scritto tutto questo nella mia agenda, calendario, o lista delle cose 'da fare' e seguire la sig.na Senior Partner riguardo alla data di pubblicazione?

Con il beneficio del senno di poi, credetti che solo in questo modo avrei potuto evitare che la sig.na Senior Partner si prendesse il merito di tutto il lavoro.

Anche la mia capo squadra, la sig.na Regina dei Pasticci, una volta mi aveva messo in guardia.

Sig.na Senior Partner si era presa il merito per il mio lavoro in svariate occasioni.

Per evitarlo, lei consigliò che fosse meglio copiare e-mail ai senior per assicurarsi che fossero al corrente delle mie collaborazioni.

Questo era un consiglio eccellente.

Così, avendo imparato le mie lezioni in maniera dura, dopo questo evento iniziai a tenere al cappio il mio partner.

Impiegati che si lamentano dei pari che gli rubano idee o fanno passare il lavoro di qualcun altro per il loro, è molto comune nei luoghi di lavoro.

La domanda chiave è come puoi davvero evitare che gli altri si prendano il merito del tuo duro lavoro?

Purtroppo, in questo caso non ci sono risposte ben definite. Dipende tutto dalla gravità del problema, quanto vuoi essere vigile e come il tuo posto di lavoro tratta questo problema.

Alcuni luoghi di lavoro possono avere un approccio molto clemente mentre altri lo trattano come una materia di serio interesse.

Ero sorpreso di come questa faccenda sia stata discussa con calore internazionalmente.

Ci sono un sacco di articoli interessanti su quest'argomento dei quali raccomando i seguenti:

4 Reasons why it is OK for a Colleague to Steal Your Idea[1]

When a Co-Worker Takes Credit for Your Work[2]

How to Deal With a Co-Worker Who Steals Your Ideas[3]

When a Co-Worker Steals Your Ideas[4]

Questi articoli possono essere divisi in 2 scuole di pensiero:

Fai qualcosa a patto o di affrontare il ladro oppure di portare questo problema fino alla Direzione

Sembra come se nella maggior parte dei casi affrontare il ladro sembri essere la migliore soluzione possibile. Di a quella persona che sai che ha "preso in prestito" le tue idee senza il tuo permesso, in una maniera non accusatoria. Nella maggior parte delle situazioni questo dovrebbe essere sufficiente.

Sollevare la questione con la Direzione è un'altra soluzione ma sembra che nella maggior parte dei posti di lavoro questo ti possa fare più male che bene. Potresti esser visto come uno

---

1. http://money.usnews.com/money/blogs/outside-voices-careers/2013/04/02/

   4-reasons-its-ok-for-a-colleague-to-steal-your-idea

2. http://www.forbes.com/sites/lisaquast/2012/07/02/

   when-a-co-worker-takes-credit-for-your-work/

3. http://latino.foxnews.com/latino/lifestyle/2011/09/21/

   how-to-deal-with-co-worker-who-steals-your-ideas/

4. http://edition.cnn.com/2009/LIVING/worklife/09/21/

   cb.when.coworker.steals.ideas/index.html?iref=24hours

che si lagna senza bisogno o uno a cui mancano qualità cavalleresche. Tutto dipende da come il rubare le idee è visto nel tuo ambiente di lavoro. Se se ne occupano molto rigorosamente, allora potrebbe essere una soluzione possibile.

Lascia che il ladro ti rubi le idee liberamente

Questo potrebbe essere un'opzione meritevole, se il furto non compromette la sicurezza del tuo lavoro o le promozioni. Alcuni scrittori suggeriscono che permettere all'altra persona di rubarti le idee porterà soltanto alla rovina di quella persona in quanto una tale persona è soggetta a promettere troppo e poi sotto-consegnare.

Potresti esercitare quest'opzione se sai per certo che i tuoi superiori ti considerano un lavoratore solido. Io stavo lavorando in una piccola squadra per cui i miei senior sapevano esattamente cosa stavo facendo. Mi assicurai anche di consegnare copie delle e-mail ai miei superiori e ci furono delle volte che coordinai e collaborai direttamente con loro.

Quindi, non lasciai che queste cose mi toccassero emotivamente.

Comunque, se vuoi essere vigile sul furto delle tue idee, allora bisogna che faccia alcuni passi.

Tieni per te le tue idee e non coinvolgere gli altri in niente di ciò che stai facendo.

Se stai scrivendo un articolo, scrivilo tu e pubblicalo a nome tuo. (Questo si adatta veramente agli introversi perché a loro piace condividere il loro lavoro solo dopo che è completamente pronto).

Se stai collaborando con altri, sii molto preciso su quanto merito ti prenderai.

Scrivi queste cose in un'agenda e assicurati che il tuo nome non sia tralasciato nella lista dei collaboratori.

Si, tutto questo è possibile. Ma significa anche essere iper vigilante e spendere tempo ed energia sul chi sta facendo cosa, al costo di altro buon lavoro che può soffrirne nel processo.

Favoritismo

I colleghi che facevano passare il mio lavoro come il loro era veramente il problema minore che affrontai nel mio posto di lavoro. Era peggio quando dovevo aver a che fare con il favoritismo e le pugnalate alle spalle entrambi allo stesso tempo quando per un anno ho lavorato nella squadra dei mercati azionari.

Ho già accennato che la sig.na Senior Partner era un'associata di livello A-2 proprio come me. Nella mia azienda, tutti gli associati di livello A-2 dovevano fare lo stesso tipo di lavoro.

Eppure, spesso ero solito trovare che mi avrebbero chiesto di andare nella stanza dati (in molti casi da solo o con tirocinanti) per l'analisi dei conti mentre sig.na Senior Partner avrebbe partecipato solo alle riunioni con i clienti e alle chiamate in conferenza (una cosa molto da lavoro di associato senior).

Ero davvero una vittima di favoritismo

Ad ogni modo che cos'è il favoritismo? Il favoritismo è stato definito come la pratica di dare un ingiusto trattamento preferenziale ad un lavoratore o gruppo di lavoro a scapito sia di altri lavoratori che del rendimento complessivo dell'azienda.

È ovvio che il primo passo da accertare è se il tuo superiore stia realmente praticando il favoritismo.

Le cose si complicano perché il favoritismo ha bisogno di non essere praticato apertamente.

Quindi devi stare in guardia per trovare delle tracce molto tenui su di esso.

Io rimuovevo le prime cause di favoritismo perfino quando erano così ovvie per gli altri.

In quanto introverso, ero tenuto ad essere più sensibile, persino ipersensibile talvolta.

Quindi razionalizzai che siccome la sig.na Senior Partner suonava tanto sicura (troppo sicura) ed eloquente, era naturale che il mio partner (il sig. Succhia Sangue da adesso in avanti) scegliesse lei per compiti quali partecipare alle riunioni con i clienti e alle chiamate in conferenza.

Ero bravo di natura a individuare potenziali problemi e a scrivere rapporti. Per cui fui scelto per l'analisi dei conti. Pensavo che questa divisione del lavoro sembrasse ragionevole.

Poche settimane dopo, vedevo che le altre mie colleghe Mel-B e Susanna si stavano coalizzando contro la sig.na Senior Partner.

Quello che era davvero accaduto era che la sig.na Senior Partner aveva chiesto un favore a Mel-B (anche se Mel-B non era nella stessa squadra), che Mel-B abbozzasse un documento, e Mel-B aveva accettato.

Mel-B quindi inviò il documento per e-mail alla sig.na Senior Partner.

Dopo un po', la sig.na Senior Partner rispose scrivendo che il documento non era in forma e bisognava fare ulteriori cambiamenti. Questa e-mail fu rivelata all'intera squadra dei mercati azionari e perfino al partner, il sig. Succhia Sangue!

Quando aprii il documento, vidi che l'intero documento era rosso con i commenti della sig.na Senior Partner. Questo era tenuto ad offendere Mel-B in quanto lei NON stava lavorando esattamente sotto la sig.na Senior Partner.

La sig.na Senior Partner voleva che Susanna facesse anche un po' del suo lavoro, cosa che Susanna rifiutò. Ogni mattina, la sig.na Senior Partner ci chiamava tutti e tre (Mel-B, Susanna e me) all'interfono e domandava che lavoro stavamo facendo (così da poterci dare parte del suo lavoro). La sig.na Senior Partner si stava comportando davvero come un Senior Partner o peggio. Le si doveva dare una lezione.

Susanna e Mel-B andarono all'HR a lamentarsi che la sig.na Senior Partner stava oltrepassando i suoi confini. La signorina dell'HR disse ad entrambe che aveva ricevuto lamentele simili sulla sig.na Senior Partner da altri associati. Perciò stava pensando di cambiare posto alla sig.na Senior Partner così da poterla riportare 'giù in terra'.

Come ho accennato, la sig.na Senior Partner era venuta da Mumbai. Poiché l'ufficio di Delhi era un ufficio piccolo, la si era fatta sedere inizialmente con associati di livello A-3 e superiori per insufficienza di spazio.

La sig.na dell'HR pensò che questo fosse ciò che stava gonfiando l'ego di sig.na Senior Partner e la faceva comportare in una maniera davvero strana. Si dovevano cambiare le disposizioni sulla postazione della sig.na Senior Partner così si sarebbe seduta con altri associati di livello A-2 e sentita alla pari degli altri.

Tracce più forti di favoritismo

Pochi giorni dopo non successe niente. Susanna e Mel-B decisero di non portare avanti il caso ulteriormente.

Durante i pettegolezzi della pausa pranzo, entrambe mi dissero che la sig.na Senior Partner sembrava essere "nelle grazie" di sig. Succhia Sangue e non c'era modo di aggravare la faccenda. Ero sconcertato.

Quindi, decisi di parlare io stesso all'HR. Dopotutto, la sig.na Senior Partner stava creando molti problemi a me allo stesso modo come li stava creando ad altri. La sig.na HR mi disse che avevano deciso di non cambiare la postazione della sig.na Senior Partner perché è una lavoratrice molto valida e un tale cambio potrebbe "demoralizzarla".

Wow, che cambio di tattica.

Ora capivo perché Susanna e Mel-B decisero di non aggravare la questione. Per quanto ne sapevo, nell'azienda erano i difensori di diritti umani che si facevano sentire di più. Era ovvio che il sig. Succhia Sangue, il partner, stava sostenendo la sig.na Senior Partner e che nessuno voleva prendersela con il sig. Succhia Sangue.

Durante la pausa di Natale nel 2010, avevo programmato di viaggiare verso Hong Kong e Macao. Naturalmente dovevo informare il sig. Succhia Sangue in persona dei miei piani.

Sig. Succhia Sangue digitò immediatamente il numero interno di sig.na Senior Partner e le chiese di farsi vedere. Chiese a sig.na Senior Partner riguardo alle materie pressanti sotto mano e se andasse bene permettermi di partire.

Sig.na Senior Partner gli disse che non c'erano materie veramente pressanti sotto mano durante la pausa di Natale ma che voleva lasciare alla discrezione del partner (parole sue) di non approvare la mia richiesta di partenza nel caso arrivasse qualcosa di urgente!

Fortunatamente, sig. Succhia Sangue decise di approvare la mia richiesta di partenza perfino dopo averla ascoltata.

Notai allarmato che quando si doveva approvare il mio permesso si stava consultando sig.na Senior Partner, che era tecnicamente del mio rango.

Solitamente il sig. Succhia Sangue chiedeva al capo squadra riguardo alle materie pressanti sotto mano prima di approvare la partenza di qualcuno.

Comunque, stavolta anche il capo squadra era andato in permesso. Sig.na Senior Partner era l'unico altro membro della squadra quindi suonava logico sentire il suo consiglio.

La cosa interessante era che quando sig.na Senior Partner stava andando in vacanza in Grecia e Turchia, sig. Succhia Sangue non consultò nessuno, né il capo squadra né me.

Questo dimostrava una parzialità?

Trascurare gli Errori - Altro Segno di Favoritismo

Sig. Succhia Sangue ovviamente era molto affezionato a sig.na Senior Partner. Era considerata un bene di valore. E perché no?

Sig.na Senior Partner era spavalda, chiassosa e chiara, e alle riunioni con i clienti sapeva capovolgere ogni discussione a suo favore. Era invero un negoziatore tosto.

Ma questo significava che alla sig.na Senior Partner si potevano perdonare tutti i suoi errori? Durante l'analisi dei conti, per noi era naturale richiedere una lista di documenti conosciuta anche come la lista dei requisiti.

Una fredda mattina di febbraio, stavo lavorando da solo nell'ufficio del cliente esaminando documenti quando improvvisamente uno dei tizi dell'azienda mi strillò contro. Era agitato che quando aveva già spedito i documenti, perché si stavano richiedendo più volte quegli stessi documenti per esaminarli?

Guardai la lista e mi resi conto che la confusione era sorta perché la sig.na Senior Partner aveva fatto circolare per errore una vecchia lista dei requisiti non più valida. La lista non aveva un errore ma un centinaio!

Dissi al tizio dell'azienda che mi sarei incaricato io di questo problema con i miei compagni di squadra. Ciò sembrò acquietarlo almeno per il momento.

Il giorno dopo parlai a sig. Succhia Sangue e gli dissi come dovetti affrontare l'imbarazzo per colpa del pasticcio di sig.na Senior Partner. Il viso di sig. Succhia Sangue rimase calmo e immobile.

Mi disse che questo tipo di imbarazzo capita ogni giorno ed è meglio farsi la pelle dura.

"Chiunque può fare questo tipo di errore. Anch'io avrei potuto fare questo sbaglio! Nella mia carriera ho fatto un sacco di sbagli. È così che impari", disse sig. Succhia Sangue.

Ero colpito. Il mio superiore stava davvero perdonando degli errori. Un superiore così tollerante è difficile da trovare in qualsiasi ambiente di lavoro.

Alcuni mesi dopo, feci esattamente lo stesso errore. Non è che lo feci deliberatamente o che fossi disattento. Ma tuttavia successe.

Una notte di settembre, ero estremamente stanco per aver lavorato troppo. Si doveva spedire all'azienda una lista di requisiti riguardante i documenti pendenti ed io, affaticato, spedii per errore una vecchia copia della lista.

Il giorno successivo, proprio lo stesso tizio dell'azienda chiamò sig.na Senior Partner e l'attaccò per aver spedito la lista di requisiti sbagliata. Sig.na Senior Partner si precipitò nella cabina di sig. Succhia Sangue con le lacrime agli occhi.

Io quel giorno ero in permesso. Sig. Succhia Sangue mi chiamò per dirmi perché non avessi aggiornato la lista. Ero sconcertato. Gli dissi che pensavo di aver fatto circolare la lista recente.

Potevo sentire la voce stridula di sig.na Senior Partner alle sue spalle dire che non era vero e che avevo causato un brutto colpo alla reputazione dell'azienda. Sig. Succhia Sangue ripeté con voce sua proprio quelle stesse parole:

"NON GETTARE FANGO SULL'AZIENDA", disse freddamente.

Il mio cuore sprofondò. Aprì immediatamente la mia casella di posta e mi resi conto che avevo spedito il documento sbagliato. Stavolta inoltrai il documento corretto a sig.na Senior Partner e sig. Succhia Sangue. Anche loro si accorsero del mio errore.

Poche ore dopo, sig. Succhia Sangue mi richiamò. Questa volta era più calmo. Mi chiese cos'era successo.

Gli dissi che la notte scorsa probabilmente ero affaticato e avevo fatto uno sbaglio.

Mi disse che doveva affrontare un enorme imbarazzo tutto per colpa mia!

Doveva andare personalmente all'ufficio dell'azienda e doveva scusarsi con i direttori d'azienda e il manager.

Non potei non notare il comportamento di sig. Succhia Sangue in merito allo stesso sbaglio che veniva fatto da due diversi individui.

Quando sig.na Senior Partner aveva fatto quell'errore, lui era in una specie di condizione di perdono buddista-zen. Quando fui io, lui era come il fulmine roboante del dio greco Zeus.

Accetto il fatto che alcuni mesi più tardi le circostanze erano diverse.

La transazione veniva rinviata giorno dopo giorno.

Un motivo era che l'azienda stava fornendo documenti con un ritorno molto lento, il che stava intralciando il processo di analisi dei conti.

La direzione dell'azienda stava dando la colpa al tizio dell'azienda responsabile di fornire quei documenti, quella persona a sua volta voleva provare di aver fornito tutti i documenti (il che non era vero) e che erano gli avvocati (noi) che lo stavano tormentando senza necessità chiedendogli più volte gli stessi documenti.

In tali circostanze, un tale errore poteva solo aggiungere combustibile al fuoco.

Per aggiungere danno alla beffa, la squadra dei mercati azionari non stava generando molto reddito.

Il proprietario dell'azienda precedentemente aveva licenziato molti partner e sciolto le loro divisioni per basso rendimento. Era quindi alquanto possibile che il prossimo in fila fosse il collo di sig. Succhia Sangue.

È possibile che tutti questi guai stessero mettendo più pressione a sig. Succhia Sangue. Perciò, era naturale che sig. Succhia Sangue tuonasse più adesso che prima.

Era una sfortuna che fossi io il bersaglio.

A prescindere da quanto mi fossi organizzato razionalmente, sentivo che c'era qualcosa sotto. Un superiore che coltiva uno stato mentale di tipo buddista-zen non batte ciglio mai, non importa quanto siano difficili le circostanze. Vuole proteggere i suoi impiegati sempre, e risolve i problemi pacificamente.

Perciò, io non vedevo motivo per cui sig. Succhia Sangue non avesse potuto risolvere con calma l'ultimo problema. Anteriormente, mi aveva detto che bisogna farsi la pelle dura e che questi sbagli possono essere fatti da chiunque. Cos'era successo adesso a quell'atteggiamento?

E anche se sig.na Senior Partner avesse ricommesso lo stesso sbaglio? Sig. Succhia Sangue avrebbe urlato e gridato e si sarebbe mangiato vivo sig.na Senior Partner nel modo che fece con me?

Un'altro fatto interessante che notai era che queste due difficili circostanze non avevano avuto alcuna ripercussione sulla relazione tra sig. Succhia Sangue e sig.na Senior Partner.

Chi Dice che la Percezione dei Colleghi Non Conta

Trascurai frequentemente la mia emozione di essere trattato ingiustamente.

"Smettila di essere un piagnone, Prasenjeet. Accetta la verità."

"Smettila di stare alle regole del gioco del vittimismo".

"È tutto nella tua mente".

Tali pensieri mi venivano in mente spesso.

La cosa interessante riguardava le osservazioni dei miei pari.

Era piuttosto comune nel mio posto di lavoro che ci si stuzzicasse e prendesse in giro a vicenda tra colleghi.

L'ultimo scherzo era che dovevo fare rapporto a tre superiori: sig.na regina dei Pasticci, la capo squadra, sig. Succhia Sangue, il partner, e sig.na Senior Partner (mia presunta collega).

"Sig.na Senior Partner deciderà alla fine quanto ricevi di bonus. Molto presto, ti dirà se sei stato un bravo ragazzo", scherzò Susanna.

"Sig.na Senior Partner è sempre così affamata. Si mangerà tutto il tuo bonus e non terrà niente per te", aggiunse Mel-B.

Gli scherzi sarebbero stati decisamente divertenti, se non mi avessero riguardato. Eppure, dovetti essere di spirito e mostrare di godermi la presa in giro. Tuttavia, gli scherzi alludevano alla politica della forza all'interno della mia squadra.

"La squadra dei mercati azionari è la più politicizzata di quest'azienda. Guarda sig. Succhia Sangue. Il peggior partner dell'azienda. Davvero non riesco a credere quanta m***a stai prendendo in questa squadra", asserì Mel-B in tono serissimo.

Ovviamente c'era qualcosa di terribile nella squadra dei mercati azionari. Non mi sentivo come una vittima inutilmente ma anche gli altri avevano la stessa percezione.

Secondo Capo Squadra

Ho accennato come talvolta sig.na Senior Partner ci portava fuori per dei pranzi in hotel 5 stelle molto costosi. Pensavo che fosse veramente stupida a spendere così tanti soldi. Non stava guadagnando più di noi, di sicuro. Ma questi vezzi penso la facessero sentire come un senior, mamma chioccia, dandole una forte spinta all'ego.

La parte più divertente era come sig.na Senior Partner usasse tali occasioni per darci consigli sulla carriera. Un'interazione con me in uno di quegli eventi del pranzo del venerdì diceva così:

"Non voglio dire cose contro di te al partner (sig. Succhia Sangue). Voglio che tu cooperi con me ed accetti lavoro da me senza brontolare", disse.

Ero troppo sorpreso per reagire.

"Questo non farà una buona impressione per la tua carriera nel lungo corso", mi avvertì in un'altra occasione.

Ero sbalordito e divertito allo stesso tempo. Pensai che questa ragazza era fuori di testa per parlarmi così.

Potevano esserci due sole possibilità: o era una narcisista oppure era astuta.

Ora quando torno a rifletterci, penso che fosse estremamente astuta.

Aveva il pieno appoggio di sig. Succhia Sangue per darsi importanza e sapeva che nessuno poteva fare niente contro di lei.

Anche Susanna e Mel-B avevano cercato di affrontarla ma avevano fallito.

Una volta sig.na Senior Partner insistette che prendessi permesso da lei prima di lasciare l'ufficio.

Rimasi in silenzio.

"Tu non sei mio superiore. Sei un dannato associato di livello A-2 proprio come me", pensai tra me.

Una sera avevo preso il permesso dal mio capo squadra di lavorare da casa dopo le 7.00 p.m. Appena raggiunsi casa intorno alle 7.30 p.m., sig.na Senior Partner era al telefono per chiedermi dove fossi.

Quando le dissi che stavo lavorando da casa, spedì immediatamente la copia di una e-mail all'attenzione mia, del mio capo squadra e sig. Succhia Sangue informando che avevo lasciato l'ufficio alle 7.00!

Nessuno reagì allora ma non potei fare a meno di apprezzare la faccia tosta che ebbe sig.na Senior Partner.

A Scapito del Rendimento Complessivo dell'Azienda

Fare l'analisi dei conti era il lavoro centrale di un associato di livello A-2. Nella maggior parte delle transazioni, generalmente solevano incaricarsi dell'analisi dei conti dai tre ai quattro associati di livello compreso da A-1 a A-3 insieme ad alcuni tirocinanti.

Le transazioni nei mercati azionari richiedevano un livello esteso di analisi dei conti.

Ad ogni modo, la squadra era piccola con soltanto due associati di livello A-2, un capo squadra (con sei anni di esperienza ma non promosso al livello di associato senior) e un partner.

Quindi, logicamente ti aspetteresti divisione equa delle mansioni tra due associati di livello A-2.

Piuttosto sorprendentemente (oppure no), sig.na Senior Partner evitava di incaricarsi dell'analisi dei conti. Considerava il guardare "cataloghi impolverati" alquanto al di sotto della sua dignità e livello di competenze e considerava un tale servile e meccanico lavoro adatto a me e altri tirocinanti. Il capo squadra e sig. Succhia Sangue rimasero in silenzio.

Come risultato, io diventavo sempre più sovraccarico di lavoro.

Stavo incaricandomi da solo dell'intero processo con un paio di tirocinanti senza esperienza per aiutarmi.

Era ciò nel migliore interesse dell'azienda, mi domandavo.

Sicuramente era più probabile che un associato strapazzato consegnasse una qualità inferiore di lavoro, molto al di sotto delle aspettative dell'azienda. Il sig. Succhia Sangue era almeno interessato?

Ma se avessi tirato qualche scusa per evitare di guardare quegli "archivi impolverati", sono sicuro che avrei soltanto fatto arrabbiare sig. Succhia Sangue.

Allora mi si sarebbe chiesto o di prendere o lasciare.

Tempo di Farsi Sentire

Venne il momento in cui pensai che ne avevo abbastanza. Non poteva continuare così.

Avevo bisogno di parlare alla direzione della squadra. Avevo ancora un po' di fiducia nel mio capo squadra e sig. Succhia Sangue.

Forse sig. Succhia Sangue non era consapevole di cosa stava facendo? È stato detto che alcuni superiori praticano il favoritismo ma non ne sono veramente consci.

Quindi era arrivato il momento di farsi sentire e renderli consapevoli delle conseguenze. Dovevo essere più assertivo, mi consigliai.

Parlai prima al capo squadra quando alla sera mi stava spedendo ad un compito di analisi dei conti.

"Sig.na Senior Partner si unirà a me per questo incarico?", chiesi alla capo squadra con un tono tanto assertivo quanto riuscii a usare.

"Veramente è impegnata con qualche altra faccenda", rispose la capo squadra.

"Quale altra faccenda?" domandai.

La capo squadra stava in silenzio o forse borbottò qualcosa che non riuscivo a capire.

Sapevo che qualcosa non andava.

"Perché vengo trattato così ingiustamente? Perché sono sempre sovraccaricato con questo tipo di lavoro?" insistevo.

"Nessuno ti sta trattando ingiustamente. È tutto nella tua mente", ritorceva la capo squadra.

Ero convinto che qualsiasi cosa mi stesse succedendo non erano scherzi della mia mente.

"Guarda, non sono in una posizione per affrontare questo problema. Il partner sì. Se questo problema ti infastidisce, ti suggerisco di parlare con lui", disse infine la capo squadra.

Quindi era arrivato il momento di parlare a sig. Succhia Sangue stesso e fargli sapere come mi sentivo. Non parlai alla HR di proposito.

La HR era stata piuttosto incompetente riguardo alla disposizione del posto di sig.na Senior Partner. Quindi era inutile parlare loro di un problema più grave.

Il mattino seguente, camminando a grandi passi andai a bussare alla cabina di sig. Succhia Sangue. Mi chiese di entrare e mettermi a sedere. Dissi a sig. Succhia Sangue che mi stavano sovraccaricando di lavoro, essendo l'unico responsabile per un enorme processo di analisi dei conti, e lo esortai a coinvolgere anche sig.na Senior Partner nel processo.

Avvisai gentilmente sig. Succhia Sangue sulle conseguenze dell'analisi dei conti di un uomo: lavoro di bassa qualità destinato ad incidere sulla reputazione dell'azienda nel lungo periodo ecc.

Sig. Succhia Sangue ascoltò e poi parlò:

"Ho notato che la tua competenza e sicurezza è veramente migliorata dall'anno scorso.

Eravamo fiduciosi che tu senza nessun aiuto potessi intraprendere il processo di analisi dei conti", disse.

Wow, ero lusingato. Il mio superiore stava riconoscendo il mio duro lavoro e grande rendimento. Non stavo passando inosservato come avevo pensato.

Ma il mio superiore mi stava vantando genuinamente o stava cercando di depistare dal problema più serio del favoritismo?

Avrei trovato la risposta in pochi mesi. Ma in quel periodo, non mi aspettavo che il mio superiore mi mentisse o adulasse deliberatamente per evitare del tutto un problema. Mi aspettavo che il mio superiore mi dicesse francamente riguardo ai miei punti di forza e di debolezza.

Decisi così di non lasciare depistare il problema a sig. Succhia Sangue e insistetti.

"Ma signore, dovete coinvolgere sig.na Senior Partner nel processo altrimenti l'intero processo alla lunga si indebolirà", dissi.

"Stimo la tua opinione e le tue reazioni. Questo è veramente un affare pressante e causa di preoccupazione. Vedrò cosa posso fare per coinvolgere sig.na Senior Partner", disse.

La riunione con sig. Succhia Sangue fu davvero positiva.

L'esito della riunione: non successe Nulla. Proprio Nulla.

Si tornava al punto di partenza. Sig.na Senior Partner era ritornata ai suoi vecchi metodi e sig. Succhia Sangue era ritornato al suo modo silenzioso.

Cambio di Squadra - La Soluzione Finale

Le cose erano così sventurate che alla fine decisi al passo estremo: cambiarmi di squadra.

Avevo esaurito tutti i metodi possibili. Il favoritismo non era l'unico problema, le pugnalate alle spalle erano un problema addirittura più serio (qualcosa di cui discuterò separatamente).

Se un laghetto è irrimediabilmente inquinato allora è meglio nuotare in un altro laghetto, ragionai.

Non ero responsabile per tutto ciò che stava succedendo nella squadra dei mercati azionari e cercavo di fare tutto ciò che pensavo servisse al meglio la squadra. Ma in fondo non era un mio problema.

Questa volta parlai al Capo Ufficio e all'HR. Dissi a entrambi che ero interessato ad esplorare il lato delle M&A (fusioni e acquisizioni) dopo aver ottenuto un po' di esperienza nei mercati azionari.

Non sollevai la questione del favoritismo deliberatamente. Ciò mi avrebbe fatto sembrare come un piagnone, un marmocchio viziato che si sta sempre lamentando. Il Capo Ufficio e la HR erano meno propensi fino ad allora a prendermi più seriamente.

Ma se vuoi esplorare un nuovo campo, spesso ciò è ben accolto e visto come un comportamento positivo.

Il mio Capo Ufficio mi chiese severamente perché volessi fare il lavoro M&A.

"Vuoi giusto fare un po' di lavoro M&A e ritornare ai mercati azionari o vuoi che ti cambi di squadra?", disse il Capo Ufficio.

"Cambiarmi di squadra", dissi.

Il Capo Ufficio sembrò sorpreso.

"In quel caso avrò bisogno di coinvolgere la HR", disse.

"Certo", dissi.

Non successe niente per un mese ma dopo di ciò la mia divisione fu cambiata improvvisamente.

Infine diedi il bacio d'addio alla mia squadra dei mercati azionari.

Cosa puoi fare davvero sul favoritismo?

Permettimi di ammettere che il favoritismo non è davvero un argomento facile da affrontare. Cerca favoritismo su Google e troverai che questa pratica è molto comune nel luogo di lavoro in tutto il mondo.

Non ci sono soluzioni pronte o modi facili di affrontare questo problema. Io stesso ho sofferto il favoritismo e l'intenzione di scrivere così tanto non è per lagnarmi ma per farvi sapere quanto sia difficile affrontare questa materia.

Dalla manciata di libri e articoli che ho letto, trovo che mentre tutti questi affrontano il problema piuttosto correttamente, molti poi cercano di presentare un modo troppo semplificato di trattare il favoritismo.

Ricorda la parte peggiore del favoritismo è che mina la tua morale e la tua sicurezza. Questa è grande. Non sottovalutarla.

Inizialmente provai a sopportarlo. Razionalizzai che non tutti i posti di lavoro sono perfetti e che dovevo badare agli affari miei. Ma credimi, queste cose iniziarono a gravare sulla mia mente incidendo alla lunga sul mio rendimento e la mia morale.

Dunque come affronti il favoritismo, se in caso ne sei vittima?

Prima assicurati se sei veramente una vittima di favoritismo.

È molto probabile che ti sarà detto che stai immaginando delle offese inutilmente, dai tuoi capi e dall'HR.

Allora, non saltare in prima istanza ma accendi il radar su possibili indizi.

Ricorda sempre che gli indizi di favoritismo non sono ovvii. A dire il vero, sono molto sottili. Osserva per mesi e poi soltanto potrai trovare un disegno.

Osserva anche ciò che ne pensano gli altri tuoi pari. Anche loro stanno percependo del favoritismo, proprio come te?

Nel mio caso, Susanna e Mel-B erano solite spettegolare e fare battute ovviamente additando che non ero l'unico ad immaginarsi offese nella mente.

Poi, parla al tuo HR, capo squadra o al tuo superiore direttamente.

Potrebbe essere di qualche aiuto, specialmente quando loro stessi siano 'compagni di crimine', ma fallo lo stesso. Questo è ciò che predicano tutti i pandit[1]. Quindi, è meglio sfruttare quest'opzione prima di procedere a qualche passo più drastico.

Abbi un po' di fede nel tuo superiore. Magari lui non è realmente consapevole di ciò che sta facendo e di come tu ti senta riguardo all'intera faccenda. Far sapere al tuo superiore potrebbe aiutare, ma fallo in maniera gentile.

Parlare al tuo superiore può diventare alquanto complicato. Non puntargli il dito contro. È meglio parlare al tuo superiore di persona. Anche spedire una e-mail potrebbe essere un'opzione ma sii molto attento. Una e-mail qualche volta può ritorcersi contro.

Quando non funziona niente, cerca di cambiare squadra o lavoro, come ho fatto io. Anche questa non è un'opzione facile. Cambiare squadra può essere più facile che cambiare lavoro ma prova entrambe le opzioni, una per una.

Non usare il favoritismo per giustificare un cambio di squadra o lavoro. Potresti esser visto come un piagnone e il tuo HR e i tuoi nuovo datori di lavoro potrebbero non apprezzarlo. Potrebbero pensare che hai l'abitudine di fare della maldicenza sui tuoi precedenti superiori e fare lo stesso nel tuo nuovo impiego. Focalizzati invece sul comportamento positivo come ciò che vuoi ottenere dal tuo nuovo lavoro, e così via.

Pugnalare alla Spalle

Le pugnalate alle spalle erano il più grande fattore demotivante che può capitare a chiunque. Un avvenimento ovvio nel posto di lavoro, ma quando successe a me, mi distrusse quasi completamente dall'interno. Le pugnalate alle spalle potevano variare nei gradi, ma io fui sventurato da affrontarlo nella sua forma più dannosa.

Ogni anno dopo marzo, ci aspettavamo un modesto aumento di stipendio. L'aumento era di poco, più delle volte a meno del 10%. Eppure era uno di quei momenti più belli dell'anno.

Nell'aprile 2011, non vidi un aumento nel mio salario. Ricevetti una notifica sms dalla mia banca che sul mio conto era stato accreditato il mio stipendio per il mese di marzo. Eppure, la cifra menzionata nell'sms era la stessa dell'anno scorso. Nessun aumento.

Durante una sessione di pranzo, i miei senior erano eccitati di trovare un aumento nei loro stipendi (per alcuni si disse che fosse addirittura doppio).

Separatamente fummo premiati tutti con un bonus generoso (me incluso).

La non-inclusione dell'incremento, perciò, pensai che fosse dovuta ad un difetto di contabilità. Così parlai prima a Susanna.

Susanna sembrava molto soddisfatta del suo bonus. Le chiesi dell'aumento.

La sua espressione facciale cambiò improvvisamente. Appariva spaventata. Non eravamo tenuti a discutere apertamente i nostri stipendi. Questa era la linea di condotta ufficiale. Così questo improvviso cambio di espressione facciale non mi colpì.

Susanna fece una pausa di pochi secondi e poi domandò:

"Hai avuto un aumento?"

"No. Per questo volevo chiedere a te", dissi.

"Neanche io ho avuto un aumento" disse.

"È strano, o no? Però abbiamo avuto un bonus", dissi.

Sapevo che i miei senior avevano avuto un aumento. Così, andai al dipartimento conti per indagare cosa stesse succedendo ai nostri aumenti. A mia sorpresa, il ragioniere mi disse che ognuno aveva avuto un aumento. Gli chiesi di controllare qualora ci fossero state delle mancanze riguardo al mio stipendio. Controllò il suo computer e disse:

"No. Non ho ricevuto alcun messaggio dalla direzione per aumentarti il salario. Mi dispiace fartelo sapere", disse.

Ciò mi lasciò stupito completamente. Andai immediatamente all'HR e parlai di nuovo alla signorina. Mi disse che potevano esserci dei "problemi relativi al rendimento" che probabilmente aveva menzionato sig. Succhia Sangue nella mia valutazione.

Le chiesi "che problemi relativi al rendimento erano?". Pareva alquanto insicura.

Mi disse che sig. Succhia Sangue in realtà non aveva condiviso alcun dettaglio con lei. Cercherà di fissare un incontro o con lui o con la mia capo squadra.

"Quali potrebbero essere quei problemi relativi al rendimento di cui stava parlando la signorina dell'HR", pensavo tra me.

Sono sicuro che avevo fatto qualche errore e commesso qualche pasticcio. Ma in ciò ero pari a chiunque altro. Non mi sembrò una ragione seria abbastanza per negare l'aumento a qualcuno.

Avevo bisogno di più informazioni. Pochi giorni dopo, la mia capo squadra mi chiamò per un'udienza uno-ad-uno. Mi disse che l'azienda mi valutava come una risorsa e poi proseguì discutendo i miei punti di forza e di debolezza. Mi disse che lavoravo molto sodo ma potevo essere più proattivo nel futuro e vedere le cose nella loro totalità.

Sembrò come un normale dialogo uno-ad-uno. Nessuna indicazione di alcun problema relativo al rendimento.

Ero costernato. Le chiesi specificatamente che non avevo avuto un aumento e mi veniva detto che c'erano alcuni problemi. La mia capo squadra mi disse che da parte sua non c'erano problemi.

Ciò mi lasciò ancora più indifeso e senza indizi. Nessuno vuole spiegare cosa sbagliai. Come posso mai correggermi, allora?

Ogni giorno che passava, stavo diventando più stressato, demotivato e demoralizzato. Non riuscivo a concentrarmi. Divenni molto cupo.

Sono veramente grato ad alcuni amici che mi ero fatto. Una delle ragazze della squadra marketing mi diede la forza di parlare direttamente a sig. Succhia Sangue. Mi ci volle quasi un mese per riunire il coraggio per parlare a sig. Succhia Sangue.

Sono un introverso e onestamente odio le situazioni di conflitto. Affrontare i miei superiori e fare domande dirette non era proprio nella mia natura.

Sì, ho fatto tutte quelle cose. Parlai direttamente a sig. Succhia Sangue. Ero sorpreso di trovare che sig. Succhia Sangue mi sembrava un po' senza indizi. Aveva bisogno di un po' di tempo per organizzare i pensieri.

"Vedi, il tuo rendimento è valutato sulla base del modulo di valutazione che hai compilato. Il modulo di valutazione ha certi criteri...", borbottò.

E poi improvvisamente "ah... il tuo aumento è stato negato perché non fai abbastanza lavoro non-fatturabile. Non fai nessun passo per migliorarti. NON PRENDI UN AUMENTO GIUSTO COSI', DEVI GUADAGNARTELO", disse cercando di sembrare arrabbiato.

Ero sbalordito. Avevo già menzionato un bel po' di iniziative che avevo preso l'anno precedente incluso preparare liste di controllo, scrivere articoli, guidare i junior presentando bibbie documentali, ecc. Ciò chiaramente non era vero.

Sig. Succhia Sangue si era almeno preoccupato di leggere cosa avevo scritto nel mio modulo di valutazione, pensai tra me.

Insistetti. Decisi di restare della mia idea e gli ricordai di tutte le iniziative che avevo preso l'anno precedente ma senza nessun profitto. Sig. Succhia Sangue non cambiava idea.

Infine me ne andai silenziosamente ma disgustato. Questa era la spiegazione più patetica con cui il mio superiore poteva venirsene. Sig. Succhia Sangue si ricordava di quelle occasioni in cui apprezzò veramente i miei contributi? Che ne era stato?

Quella sera, stavo lasciando l'ufficio verso casa. Anche Susanna era dentro l'ascensore. Mi disse che mi aveva mentito sull'aumento. Dissi che lo sapevo e anche che mi era stato negato un aumento consapevolmente.

Allora lei mi disse qualcosa di interessante...

Mi disse che era curiosa di sapere perché mi si negava un aumento. Decise di fare la sua piccola investigazione sulla materia. Così, parlò alla mia capo squadra.

"Prasenjeet è veramente un buon lavoratore. Ho sentito un sacco di lodi su di lui, è vero?", disse Susanna.

"Sì, è vero", replicò la mia capo squadra.

"Allora perché gli è stato negato un aumento di stipendio?" chiese curiosamente Susanna.

"Perché lavora come un robot. Sai cosa intendo. È molto meccanico nell'approccio", rispose la mia capo squadra.

"Tutto qua?" disse Susanna in un tono di sorpresa.

"Già... non avevo niente di meglio da dire su di lui", disse la mia capo squadra.

Ora compresi cos'era successo.

Ero una vittima di una politica d'ufficio di pugnalate alle spalle.

La mia capo squadra era davvero degna del suo soprannome sig.na Regina dei Pasticci. Aveva l'abitudine di mettere gli altri in ridicolo nei pettegolezzi ma questa volta aveva passato il segno. Aveva fatto alcuni commenti avversi sulla mia valutazione (cose molto vaghe prive di sostanza come robot), il cui risultato, era che la direzione aveva deciso di non darmi un aumento.

"Ma devi promettermi qualcosa" mi chiese Susanna.

"Non dire a nessuno cosa ti ho detto. Se decidi di affrontare la tua capo squadra, non fare il mio nome. Diversamente ciò potrebbe originare una scena bruttissima", disse.

Le promisi che non avrei fatto il suo nome. Ne aveva ben donde. Era la politica dell'ufficio. Se la mia capo squadra veniva a sapere che quella che lo aveva lasciato trapelare era Susanna, allora poteva rendere difficile la vita a Susanna. Dopotutto, ciò era pugnalare alle spalle a piena forza sul luogo di lavoro.

Avevo già appreso questo tipo di comportamento da sig.na Regina dei Pasticci e sapevo per certo che Susanna non se lo stava inventando. Anche altri mi avevano detto che sig.na Regina dei Pasticci soleva sparlare di me ad altri senior alle mie spalle. Eppure fui sollevato di sentire che altri senior mi difesero a voce alta. Dopotutto nessuno è così cattivo.

Ora, sono sicuro che vuoi sapere perché non potei fare molto riguardo alla politica di pugnalare alle spalle di sig.na Regina dei Pasticci.

Perché alcune persone pugnalano altre alle spalle?

Profondamente disturbato dall'episodio, decisi di fare una ricerca su google del perché alcune persone pugnalano altre alle spalle. Ciò che lessi fu molto interessante.

How to Confront a Backstabber[5]

Questo articolo spiega che:

---

5. http://www.wikihow.com/Confront-a-Backstabber

"Un pugnalatore alle spalle è qualcuno che finge di esserti amico, o di essere dalla tua parte, e poi si gira e fa o dice cose che portano al tuo essere danneggiato, esposto, o trattato male come risultato di cose che suggeriscono o rivelano. Il pugnalare alle spalle è una forma di manipolazione..."

Proprio vero.

Sig.na Regina dei Pasticci aveva finto di essermi amica per tutto il tempo. Avevamo viaggiato insieme molte volte sia verso l'ufficio di un cliente o alla stanza dati. Pensavo di aver sviluppato una relazione di lavoro molto buona con lei.

Certe volte, sembrava così tanto genuina. Durante i nostri spostamenti, condivideva con me un sacco di dettagli personali sulla sua vita, cosa che potresti fare solo con un amico o una persona benevola.

Allora che cosa ha fatto sì che sig.na Regina dei Pasticci mi pugnalasse alle spalle in maniera tale da demoralizzarmi completamente?

Insicuro del tuo posto

Questa è accettata come una delle più importanti cause delle pugnalate alle spalle.

I pugnalatori alle spalle sentono di essere incapaci di arrivare fin dove vogliono nella vita perché non hanno talento, non gli piace il lavoro duro, non sanno risolvere le cose, o hanno paura di fare le cose innovative tutto da soli.

La loro sete di promozioni, profitto, o miglioramento della loro posizione, tuttavia, li convince di vedere la pugnalata alle spalle come un facile sentiero.

Nella nostra azienda, la promozione dal livello di associato A-3 ad associato senior era basata puramente sul rendimento.

Sig.na Regina dei Pasticci aveva passato sei anni come un associato nella mia azienda. Non fu promossa al livello di associato senior. Avere sei anni di esperienza significava che poteva lavorare a tutti gli effetti come un associato senior e in effetti lavorava come se lo fosse.

A parte che veniva pagata molto meno di un associato senior e non aveva lo 'status' che viene quando si è innalzati al livello di un associato senior. Tutti i suoi colleghi vennero promossi al livello di associato senior a partire dal loro 4° anno, mentre lei stava languendo allo stesso livello da almeno sei anni. Non potevo immaginare il livello di frustrazione che poteva causare.

Non sono sicuro di chi potesse essere la colpa della situazione di sig.na Regina dei Pasticci. Avevo chiesto in numerose occasioni se si aspettava di essere promossa a livello di associato senior e ogni volta la domanda le faceva venire letteralmente le lacrime agli occhi. Una volta mi disse che non era apprezzata da sig. Succhia Sangue.

Credo fortemente che una porzione della colpa fosse di sig. Succhia Sangue. Tutte le volte che ho passato del tempo lavorando nella squadra dei mercati azionari, mi sono reso conto che sig. Succhia Sangue era veramente bravo a demotivare gli impiegati. Rifiuto arbitrario della promozione o di un aumento parevano essere abbastanza comuni.

Sig.na Regina dei Pasticci mi disse addirittura che stava facendo domanda per lavorare altrove.

Il suo continuare a stare attaccata a questa azienda significava che non aveva avuto successo nella sua missione.

Sembrava che le cose non le andassero bene neanche sul fronte personale. Era nubile e aveva una madre malata da accudire. Anche lei odiava lavorare fino a tardi. Le sue responsabilità familiari le assicuravano di dover lasciare l'ufficio per le 6 p.m., ritornare a casa, preparare la cena e poi continuare a lavorare da casa. Quindi, la vita non le sembrava giusta.

Ma una cosa era certa. Sig.na Regina dei Pasticci si disperava per ottenere una promozione. Era già al suo settimo anno in quest'azienda. Stavolta era intenzionata a fare qualsiasi ed ogni cosa. Si disperava per provare la sua competenza, e quando si trattava di gestione di squadra era brava come chiunque altro.

Il sentiero più semplice era quindi spostare la colpa di tutti i pasticci sugli altri e provarne la mancanza di merito a meno che non avessi qualche critica addosso.

Pianificare di impressionare qualcuno

Questa è un'altra causa per pugnalare alle spalle.

Sig.na Regina dei Pasticci voleva fare colpo a tutti i costi su sig. Succhia Sangue.

Un modo carino per farlo era dare la colpa in pieno agli altri (in questo caso era a me) e dire a sig. Succhia Sangue che se sig.na Regina dei Pasticci non stava gestendo proprio bene la situazione, la transazione intera sarebbe andata in pezzi.

Sig. Succhia Sangue allora sarebbe stato costretto a credere che sig.na Regina dei Pasticci stava davvero lavorando sodo perché gli altri si stavano sottraendo agli obblighi e non facevano bene il loro lavoro.

In un certo senso sig. Succhia Sangue incoraggiava questo tipo di politica. Se sig.na Senior Partner diceva "non sono stata io, è stato lui" quando le si chiedeva perché era successo un certo pasticcio, sig. Succhia Sangue la perdonava di tutti i peccati e si calmava.

Sig.na Senior Partner era in ogni caso una favorita di sig. Succhia Sangue e perfino sig.na Regina dei Pasticci sapeva che per quanto provasse non avrebbe potuto fare molto danno a sig.na Senior Partner.

Io ero naturalmente il bersaglio più facile con cui prendersela.

Questo fu fatto molto subdolamente. Il più delle volte le andava bene che io lavorassi da casa, ma quando eravamo tutti in una riunione interna, sig.na Regina dei Pasticci lasciava cadere casualmente l'osservazione "Prasenjeet, oggi non andartene senza chiedermelo".

Per un partner, questo poteva significare che io mi sottraessi al lavoro perché solitamente ero così disperato di lasciare l'ufficio in tempo, mentre era effettivamente sig.na Regina dei Pasticci chi generalmente lasciava l'ufficio un'ora prima di me ogni giorno!

Sig.na Regina dei Pasticci aveva passato sei anni a lavorare con sig. Succhia Sangue, quindi sapeva ogni trucco del mestiere per compiacerlo.

Gelosia

Woody Allen ebbe questa grande battuta nella sua commedia "Central Park West", in cui dice: "Le persone non ti odiano per le tue debolezze, ti odiano per la tue forze".

Conoscevo bene sig.na Regina dei Pasticci. Non aveva neppure un diploma in legge di tre anni pieni come lo avevo io.

Infatti aveva completato un diploma legale part time (perché non riuscì ad ottenere l'ammissione al corso full time) ed iniziò a lavorare in questo studio grazie ad alcune "connessioni". D'altronde, io avevo ottenuto il mio diploma in legge dalla University College London, che è ritenuta essere una delle 10 migliori scuole di legge al mondo.

In generale, c'era un sacco di lode sulle mie capacità di scrittura, elaborazione, ricerca e analisi. Proprio il tipo di lodi che sig.na Regina dei Pasticci desiderava ardentemente.

Poteva essere possibile che sig.na Regina dei Pasticci consapevolmente o inconsapevolmente fosse gelosa dei miei risultati? Si era mai sentita minacciata?

Vendetta

Ad essere sicuro, mi ricordo di aver detto "No" (educatamente) ad alcune richieste irragionevoli fatte da sig.na Regina dei Pasticci.

Una volta stavo lavorando da solo nell'ufficio di un cliente quando sig.na Regina dei Pasticci mi chiese di ritornare in ufficio, prendere alcuni documenti e poi ritornare all'ufficio del cliente.

La pratica comune era che questi documenti venissero consegnati da qualche ragazzo dell'ufficio.

Ma sig.na Regina dei Pasticci voleva ostentatamente risparmiare soldi dell'ufficio non usando un ragazzo dell'ufficio che avrebbe poi rivendicato forti spese di viaggio.

Io non avevo una macchina e viaggiavo in metro. Lasciare a metà il mio lavoro per prendere dei documenti dal mio ufficio e poi ritornare all'ufficio del cliente mi avrebbe fatto perdere un sacco di tempo.

Perciò rimasi della mia idea e insistetti che mi facesse consegnare questi documenti, cosa che alla fine fece dopo un sacco di sfuriate e invettive.

In un'altra occasione, sig.na Regina dei Pasticci voleva che la riaccompagnassi a casa. Era tarda notte e le strade di Delhi non sono considerate sicure per le donne a quelle ore disumane. Così, la politica dello studio era che di solito un peone d'ufficio riaccompagnasse a casa le impiegate.

Sig.na Regina dei Pasticci, tuttavia, voleva che la riaccompagnassi io anche se la sua casa era nella direzione opposta.

Io quindi dovetti rifiutare a bruciapelo anche quella richiesta, il che non le piacque neanche un po'.

Sig.na Regina dei Pasticci non era tranquilla emotivamente e in alcune occasioni poteva essere molto intollerante.

Non aveva il potere di licenziarmi. Ma poteva rovinare la mia valutazione ed assicurarsi che non ottenessi un aumento. Questo mi avrebbe demoralizzato abbastanza da lasciare il lavoro. Un modo carino e pulito di restituire il colpo.

Stupidità

Non so se sig.na Regina dei Pasticci avesse qualche disegno malvagio, ma era nel migliore dei casi decisamente stupida.

Si rendeva conto delle conseguenze delle sue azioni?

Si rendeva conto che facendo commenti avversi nel modulo di valutazione e parlando male di me in generale poteva portare ad una situazione in cui la direzione decida che io non ottenga un aumento?

Tutto considerato ero un lavoratore leale. Sig.na Regina dei Pasticci aveva un sacco di lavoro e aveva bisogno di assistenza. Io ero la sua opportunità migliore. Sig.na Senior Partner aveva rifiutato di prendere istruzioni da sig.na Regina dei Pasticci e sapeva che c'era ben poco che potesse fare al riguardo.

Non voleva sig.na Regina dei Pasticci che lavorassi con lei?

Demoralizzando me, stava effettivamente facendo del male a sé stessa.

Se ne rendeva conto?

Come Forse Avrei Potuto Evitare le Pugnalate alle Spalle

Tenere un basso profilo

Per qualche mese ho provato questa tattica. Non fare molto. Concentrati sul tuo lavoro e prova di che cosa sei veramente capace. Cercavo di chiarire eventuali incomprensioni o tramite conversazioni uno ad uno o per e-mail.

In alcuni casi ciò può funzionare bene a seconda della serietà della pugnalata alle spalle. Canalizza le tue energie in qualcosa di produttivo e normalmente ai tuoi impiegati dovrebbe andar bene.

Ma nel mio caso il danno era già fatto. Più tardi lo stare basso non sembrò una strategia plausibile.

Confronto

Ho imparato che il confronto può essere una buona opzione per affrontare i pugnalatori alle spalle.

Dì fermamente (non necessariamente aggressivamente) ai pugnalatori alle spalle che sei consapevole delle loro azioni. Si dice spesso che un pugnalatore alle spalle di ufficio, come il teppista in strada, è meno probabile che ti pugnali se indichi di essere consapevole delle loro azioni.

Decisi di non confrontarmi con sig.na Regina dei Pasticci. Perché?

Come le avrei detto che sapevo delle sue azioni?

Lei avrebbe negato di fare tali cose. Ricordati mi aveva già detto che da parte sua non c'erano problemi. In più mi avrebbe domandato sulla fonte delle mie informazioni.

Avevo promesso a Susanna che non l'avrei nominata. Sig.na Regina dei Pasticci era, tuttavia, abbastanza furba da immaginarsi che nessun altro che Susanna poteva avermi passato le informazioni. Dopotutto Susanna le aveva domandato specificatamente del mio rendimento. Era snervante.

Il confronto avrebbe funzionato se avessi dovuto continuare a lavorare con sig.na Regina dei Pasticci. Si sarebbe potuto aggiustare tutto per un po' fino alla sessione di valutazione dell'anno successivo e sig.na Regina dei Pasticci avrebbe avuto un'altra occasione di colpirmi.

VOLEVO SEGRETAMENTE PORTARLE VIA IL POTERE PIU' GRANDE: IL CONTROLLO SUL PROCESSO DELLA MIA VALUTAZIONE

Avrei lavorato con sig.na Regina dei Pasticci se avessi saputo delle sue capacità di pugnalare alle spalle?

Sì e no.

Ammetto che non ero bravissimo a sopportare la politica dell'ufficio. Partecipavo raramente ai pettegolezzi in ufficio a meno che non mi riguardassero personalmente.

Ero vagamente consapevole delle capacità di pugnalare alle spalle di sig.na Regina dei Pasticci. Sapevo che non ero l'unica vittima. Sig.na Regina dei Pasticci aveva dato la colpa direttamente a Susanna una volta (in sua assenza) per un qualche errore in un'altra transazione. Questo episodio mi aveva infastidito.

Sig.na Regina dei Pasticci chiamava Susanna "scansafatiche" e diceva cose negative su quasi chiunque altro nelle sue solite sessioni di pettegolezzo.

Ma rendiamocene conto. Nessuno è perfetto.

Avevo una buona relazione con sig.na Regina dei Pasticci e ad essere onesto inizialmente lei era effettivamente alquanto utile e disponibile. Perciò, non dovevo preoccuparmi di cosa pensavano di lei gli altri miei pari.

Col senno di poi, credo sia consigliato sempre di guardarti contro tali persone. Oggi si lagnano e pugnalano alle spalle qualcun altro, domani potresti essere tu. Ciò è successo a me. Una lezione che merita di essere imparata.

Funzionò la pugnalata alle spalle in questo caso

Assolutamente!

Sig.na Regina dei Pasticci fu promossa al livello di associato senior. E sembrava abbastanza soddisfatta. Chi non lo sarebbe?

Ciò prova che il pugnalare alle spalle funziona e qualche volta è doverosamente ricompensato nel posto di lavoro.

Ero uno stupido a pensare che una politica sporca non funzioni e che dovevi essere fedele al tuo lavoro. Sono un fermo credente nella filosofia che il Bene alla fine trionfa sul Male.

Ma stavolta mi ero tristemente sbagliato.

Cambiare squadra - l'unica soluzione

Mi resi conto che se dovevo sopravvivere in quest'azienda o almeno presentare appello per un aumento, dovevo farmi cambiare squadra. Lavorare con sig.na Regina dei Pasticci sembrava impossibile specialmente quando sapevo il danno che mi aveva fatto. Il danno era irreparabile.

Quindi, parlai al mio Capo Ufficio e all'HR sul mio cambio di squadra. Iniziai anche a presentare domanda per lavorare altrove.

La mia squadra fu cambiata nell'arco di un mese. Non dissi di questo a sig.na Regina dei Pasticci e lasciai che si prendesse uno shock nella vita sentendolo dagli altri.

Penso che ciò le servì proprio.

Morale della Storia

Rubare il tuo lavoro, favoritismo e pugnalare alle spalle possono essere le cose peggiori che ti possano capitare nel posto di lavoro. Tutte insieme possono incidere terribilmente sulla tua morale.

Mentre rubare il tuo lavoro è prevenibile fino ad un certo punto se stai in guardia contro di esso, la politica di favoritismo e l'attacco alle spalle sono problemi ben più spinosi da affrontare. Purtroppo non ci sono soluzioni nette al problema.

Parlare ai tuoi superiori, colleghi e HR è una possibilità, ma raramente sarà efficace. Eppure devi compiere l'esatta procedura della compagnia prima di muovere dei passi più drastici.

È vero che l'HR e il tuo capo risolveranno appena questo problema ma non è neanche giusto presumere che parlare a loro sia una totale perdita di tempo. Condividere con tali persone può essere per te una grande occasione di aprire gli occhi.

Cambiare il tuo lavoro o lasciare il tuo dipartimento sembra allora l'unica soluzione possibile. Il tuo nuovo datore di lavoro o nuovo capo della stessa azienda potrebbe rivelarsi una boccata d'aria fresca.

Quando la mia squadra fu cambiata, cercai di lavorare con un altro senior nella divisione M&A che era un carissimo amico di sig. Tardi Nottelcolista. Avevo sentito un bel po' di storie dell'orrore su di lui.

Ma quando iniziai a lavorare con lui, sembrò essere il più gradevole dei capi in cui mi fossi imbattuto fino ad allora. Nessuno scaricamento di colpa o politica di accoltellamento alle spalle. Ero grato di questo.

Capitolo 7: Lasciare Legge e Perché Dopotutto Perdere il Lavoro Potrebbe Non Essere una Brutta Cosa

Come reagisci quando l'HR della tua azienda ti chiede di cercare un altro posto?

Ti senti depresso e intristito dalla situazione?

Ti preoccupi di come ora metterai cibo in tavola o pagherai le bollette?

Ti dai la colpa?

O accogli tale cambiamento?

Perdoni il tuo capo e l'azienda?

E vedi questo cambiamento come un nuovo inizio?

Le circostanze che portarono alla mia perdita del lavoro

Scenario Economico

L'anno 2011 si stava dimostrando un anno duro. Il rallentamento globale stava colpendo le economie emergenti e l'India non fece eccezione. Anche l'allora Governo dell'India soffrì di ciò che molti analisti criticarono aspramente come una paralisi politica ed era incapace di apportare alcuna riforma che potesse spingere la crescita economica e industriale.

Il fatturato della mia azienda si era dimezzato in confronto al 2010. Anche la dimensione e il numero di affari erano stati dimezzati. Anche se avevamo ricevuto un bonus generoso alla fine di marzo 2011, si era diffusa la voce che sarebbe potuta non essere la stessa cosa a marzo 2012.

Pagare agli avvocati i loro stipendi stava diventando sempre più difficile per l'azienda. Ciò significava anche che l'azienda non sarebbe stata molto tollerante con gli errori in confronto all'anno precedente. Dei partner erano stati licenziati e divisioni intere erano state demolite per basso rendimento, cioè per NON avere pareggiato i costi. Era piuttosto chiaro che l'azienda era determinata a disfarsi del flaccido e stringere la cinghia.

La mia azienda non era l'unica. Tutti i maggiori studi legali erano colpiti e si stavano comportando in maniera simile. Questa pratica taglia-costi stava diventando pervasiva perfino al di fuori dell'industria legale.

Lavorare in un ambiente ostile

Cambiare la mia squadra non mi fornì granché sollievo. Avevo fatto quasi il 70% del lavoro nella squadra dei mercati azionari. Il restante 30% era diviso tra sig. Senior Partner e sig.na Regina dei Pasticci.

Ero un asino strapazzato e sottovalutato in quella squadra. Ma si dava anche il caso che fossi l'unica spina dorsale di tutti i progetti. Rimuovete me e tutto cadrà a pezzi.

Sig.na Senior Partner e sig.na Regina dei Pasticci potevano fare tutti i giochi di politica ma sig. Succhia Sangue sapeva che senza di me non si poteva fare alcun buon lavoro. Così, in un senso ero il lavoratore più affidabile e di valore.

Sig. Succhia Sangue e sig.na Regina dei Pasticci non potevano affrontare il problema che io non stessi più lavorando per loro. Erano diventati piuttosto possessivi nei miei confronti per ragioni molto ovvie.

Sig. Succhia Sangue non mi poteva coinvolgere in progetti futuri. Non c'era nessuna spiegazione legittima per ciò.

Ma sig. Succhia Sangue mi tenne ancora coinvolto nei progetti precedenti (a cui avevo lavorato in precedenza) sulla base che siccome avevo fatto il 70% del lavoro, ero la persona migliore per capire e gestire affari complessi.

Che logica!

Gli altri erano incapaci perché passavano più tempo a sottrarsi agli obblighi e a fare scaricabarile.

Ciò, però, naturalmente non veniva posto come scusa!

La cosa triste era che la giustificazione di sig. Succhia Sangue per tenermi coinvolto nei "progetti precedenti" sembrava funzionare e teneva calmo il Capo Ufficio e l'HR.

Per cui ora stavo lavorando di nuovo per la squadra dei mercati azionari senza essere in quella squadra!

Ciò mi assicurò anche di essere incapace di intraprendere nuovi incarichi nella mia nuova divisione.

Appello per un aumento e come rese le cose peggiori

Ammettiamolo. Lavorare senza un aumento mi aveva demoralizzato completamente dall'interno.

Fingevo di essere normalmente me stesso. Non mostravo le mie emozioni e mantenevo un viso impassibile la maggior parte del tempo. Ma stavo gridando da dentro.

Il cambiamento ad un nuovo dipartimento aveva riportato nuove speranze e aspettative.

Avevo parlato ai miei colleghi del mio aumento e il consiglio fu di appellarmi al Capo Ufficio una volta cambiata la mia divisione.

Così era arrivato il momento di appellarmi. Ho già menzionato come il Capo Ufficio fosse solitamente impegnatissimo da non aver tempo di ascoltare pazientemente i problemi che affrontavano gli impiegati. Ma leggeva le sue e-mail molto attentamente.

Scrivere e-mail andava bene anche a me poiché avevo più tempo per organizzare i pensieri. Anche in precedenza, una e-mail aveva funzionato bene nel caso di sig. Tardi Nottelcolista. Così ne stesi una definendo molto chiaramente il mio punto di vista e gliela inviai.

Non mi accorsi bene che ciò avrebbe attizzato più guai di prima. Ma anche se sapevo dei guai, dovevo appellarmi, perché a quel tempo ero completamente distrutto dall'interno.

Il comportamento di sig. Succhia Sangue divenne sempre più sgradevole. Sapeva che tipo di cose mi infastidivano. Mi chiese di rapportare stavolta non a sig.na Regina dei Pasticci ma a sig.na Senior Partner. Non tralasciò nulla per farmi sentire il più a disagio possibile. Iniziò a fare critiche minuziose e pedanti e a dirmi che ero solo un imbecille buono a nulla.

E poi un giorno rivelò finalmente perché si stava comportando in questa maniera:

"Così stai sparando e-mail a chiunque dicendo che sei apprezzato e competente. Lascia che ti dica molto francamente che non è così. Ti abbiamo coinvolto perché hai fatto la maggior parte del lavoro e non perché fossi affidabile o competente", disse.

"Di quali e-mail sta parlando, signore? Non ho mai spedito alcuna di tali e-mail", dissi.

"Oh sì che l'hai fatto. Ti faccio vedere", disse.

Sig. Succhia Sangue fece una pausa e si rese conto di cosa stava facendo. Poi improvvisamente si calmò e non mi mostrò la presunta e-mail che avevo scritto.

Lasciai la sua cabina disorientato.

A quale e-mail si stava riferendo sig. Succhia Sangue?

Mi resi conto che era il mio appello per un aumento.

Era una e-mail riservata indirizzata soltanto al Capo Ufficio. Era tenuta ad essere una discussione privata tra me e il mio nuovo capo.

Allora quella e-mail come era arrivata nella cassetta delle lettere di sig. Succhia Sangue?

Questo era un mistero. Poi improvvisamente si chiarì tutto.

Un paio di giorni prima avevo parlato all'HR e la signorina dell'HR mi aveva detto che stavano esaminando il mio archivio per un aumento. Era obbligata a farlo perché le istruzioni venivano direttamente dal Capo Ufficio.

Quindi, sapevo che il Capo Ufficio simpatizzava e voleva genuinamente aiutarmi.

La signorina dell'HR non era lei stessa un angelo. La mia e-mail con l'appello per l'aumento le fu recapitato dal Capo Ufficio. La e-mail menzionava che ero senza indizi sulle ragioni per negarmi l'incremento perché l'HR non aveva discusso con me dei cosiddetti "problemi legati al rendimento".

Solitamente è lavoro dell'HR spiegare tutti questi problemi e avvisare gli impiegati.

Ma il problema era che sig. Succhia Sangue non aveva condiviso alcun dettaglio con l'HR. Adesso con l'intervento del Capo Ufficio, la signorina dell'HR doveva salvare velocemente la sua reputazione.

Così, ciò che la signorina dell'HR fece, fu inoltrare l'intera e-mail a sig. Succhia Sangue per i suoi commenti, opinioni e consigli!

Sig. Succhia Sangue naturalmente vide la e-mail in una luce diversa. A lui, appariva più come un lamento contro un partner potente da parte di un umile associato.

Nessuna meraviglia che sig. Succhia Sangue si stesse comportando in tale strana maniera. Voleva rendere miserabile la mia vita fino al punto che mi licenziassi.

Posso capirlo dal punto di vista dell'HR, era alquanto naturale consultare sig. Succhia Sangue.

Ma una cosa è chiedere un'opinione e una ben diversa inoltrargli una e-mail così sensibile.

Se la HR non fosse stata così pigra, avrebbe potuto chiedere semplicemente a sig. Succhia Sangue la sua onesta opinione in un modo che non l'avrebbe offeso così tanto. Per esempio:

"Caro sig. Succhia Sangue,

Tempo addietro, hai menzionato che c'erano dei problemi legati al rendimento di questa persona [nome].

Ti saremo grati se potessi menzionare quali siano questi problemi in modo che potremo aggiornare di conseguenza i nostri registri di valutazione.

Una risposta veloce sarebbe molto apprezzata.

Ringraziandoti...".

Questo tipo di messaggio sarebbe stato abbastanza per ottenere l'onesta opinione di sig. Succhia Sangue in materia, di cui poi avrebbero potuto prendere visione l'HR e il Capo Ufficio.

Comunque, semplicemente inoltrare la mia e-mail a sig. Succhia Sangue per pura pigrizia era mancanza di sensibilità, mostrava una carenza di professionalità e una completa indifferenza a voler risolvere alcun problema.

Nei pettegolezzi in ufficio, avevo sentito che la signorina dell'HR aveva fatto in precedenza simili diavolerie che avevano soltanto aggiunto benzina sul fuoco. Ma questa volta ero io che sentivo il calore.

Stress e perdita di sicurezza

Potete immaginare il tipo di stress che stavo attraversando. Ogni mattina odiavo andare in ufficio. Avviandomi in ufficio, mi sentivo terribilmente ansioso e svuotato. I venerdì sera non vedevo l'ora di godermi i fine settimana.

Ma non potevo godermi i fine settimana perché quegli scenari spaventosi dell'ufficio continuavano a giocare nella mia mente.

Le domeniche, temevo il pensiero di andare in ufficio il lunedì.

Non era solo il mio stato mentale ma anche il mio stato fisico che ne stava risentendo. Sig. Succhia Sangue mi stava facendo lavorare come uno schiavo. Le ore erano diventate molto lunghe.

Non stavo prendendo alcun momento per fare esercizio. Sedendo per ore curvo sul mio portatile, iniziai a soffrire di terribili mal di schiena.

Alcuni mesi prima che fosse successo tutto questo, ero considerato essere una della persone più in forma dell'ufficio, che poteva scalare 11 piani senza bisogno di prendere fiato nemmeno una volta.

Sapevo che un giorno mi avrebbero chiesto di andarmene. Potevo vederlo avvicinarsi. Ma la paura di perdere il lavoro era molto peggiore della perdita di lavoro effettiva.

Stavo per avere un esaurimento nervoso solo pensandoci.

La parte peggiore era che stavo perdendo fiducia in me stesso. I miei genitori lo notarono. Compatirono me e la mia professione. Dovresti diventare più sicuro con l'esperienza, dicevano, ma a me stava succedendo l'opposto. Stavo diventando sempre meno sicuro di me stesso.

Ora solo le preghiere potevano salvarmi

Il giorno che sig. Succhia Sangue mi disse che stavo portando un brutto nome all'azienda, volevo andarmene. Non ne potevo più. Ma i miei genitori fermarono la mia presentazione di dimissioni.

La ragione?

Non avevo sotto mano un altro lavoro. Benché lavorare in quest'azienda fosse diventato il più doloroso possibile, star seduto a casa senza una fonte regolare di reddito, non sembrava una soluzione plausibile.

Potevo solo pregare e chiedere aiuto a Dio. E poi le mie preghiere furono accolte.

Finalmente mi fu chiesto di andarmene.

A ottobre 2011, un bel mattino, ricevetti una e-mail dall'HR. Aprii l'e-mail e lessi:

"Ciao, ti dispiace incontrarci al piano di sotto appena sei libero? Grazie. HR".

Sapevo che c'era qualcosa di sospetto.

Andai dritto dalla signorina dell'HR. Mi chiese con un sorriso gradevole di mettermi a sedere.

Mi domandavo cosa fosse successo.

"Come stai?" mi domandò.

"Sto bene", dissi.

Continuava a fissare lo schermo del computer. Dopo alcuni minuti di pausa disse:

"Ho parlato del tuo aumento con tutti i partner. Penso che dovresti iniziare a cercare un'altra sistemazione".

"Vuoi dire iniziare a cercare un altro lavoro?" le domandai a bruciapelo.

"Sì", disse esitante.

"Abbiamo provato tutto. Abbiamo provato a cambiarti di squadra e provato a metterti in un ambiente lavorativo diverso ma mi dispiace di non avere niente di meglio da condividere con te", stavolta lo disse con un po' di emozione e le lacrime agli occhi.

La signorina dell'HR stava cercando di rendere la situazione quanto possibile calma e tranquilla.

Era una buona attrice e cercava di mostrare che questo era doloroso anche per lei.

"Fai conto che il tuo mese di preavviso inizia da adesso. Considerando le tue prospettive future, non te lo daremo per iscritto", aggiunse.

La mia reazione

Beh quale pensate che sia stata la mia reazione?

Piansi o la supplicai di non buttarmi fuori dal lavoro?

Ebbi uno scatto di nervi e cercai di rompere l'arredo dell'ufficio?

Minacciai che sarei saltato dal piano superiore dell'ufficio?

No! Niente affatto.

Ero piuttosto sollevato di sentirlo. La mia faccia effettivamente s'illuminò di gioia.

"D'accordo, ma posso andarmene prima della fine del periodo di preavviso? Effettivamente sto cercando lavoro da un bel po'", dissi con molta calma.

"Sono già riuscito ad ottenere un paio di colloqui", aggiunsi, stavolta con un sorriso in faccia.

La signorina dell'HR era stupita. Lei stava piangendo e io stavo sorridendo. Diventò molto curiosa.

"Con quale azienda?" domandò.

"Permettimi di mantenerlo riservato" risposi.

Potevo vedere il suo sguardo.

Ci demmo la mano per l'ultima volta e poi me ne andai.

Mi ero liberato. Non avevo più bisogno di affrontare sig. Succhia Sangue, sig.na Regina dei Pasticci e sig.na Senior Partner. Mi sentivo come se le mie catene fossero state tagliate.

L'uccello Fenice era bruciato completamente e ridotto in cenere. Eppure, dalle ceneri, sorse la possibilità di un nuovo futuro. Una nuova opportunità. Una speranza di sorgere. Di nuova vita. Di rinascere ancora.

Perdere il Lavoro Potrebbe Non Essere una Brutta Cosa

Dissi ai miei genitori della mia perdita di lavoro. I miei genitori non erano affatto turbati. Non volevamo vederla come una cosa negativa. Comunque, decidemmo di non parlarne ad alcun amico o parente e renderci oggetti di compassione non necessaria.

Non ero l'unico che aveva perso il lavoro. Mel-B aveva perso il lavoro prima di me e in circostanze molto più crudeli. Come aveva reagito?

La incontrai dopo che aveva perso il lavoro. Sembrava essere molto felice e soddisfatta della vita. Stavo vedendo un'altra parte di Mel-B. In ufficio, sembrava sempre depressa e frustrata. Ora stava passando un sacco di tempo con il suo ragazzo. Faceva spese pazze. Partecipò alle nozze della sua unica sorella a Goa.

Onestamente ero colpito da come prese la sua perdita di lavoro. Dimostrò di essere un'ispirazione per me.

Quindi cosa pensi che decidemmo di fare?

Programmammo per Natale una vacanza a Phuket e Bangkok. Ero lieto che stavolta non avevo bisogno di prendere il permesso di sig. Succhia Sangue che sicuramente avrebbe consultato sig.na Senior Partner. Facemmo una vacanza in Thailandia molto bella e rilassante.

Mi vidi con alcuni miei amici.

Comprai una playstation 3 con Move e My Fitness Coach Club, un gioco delle Ubisoft per fare esercizio. Amavo tutti i programmi di allenamento inclusi cardio, danza latina, kickboxing, yoga e pilates. Iniziai a ritornare in forma. Il mio mal di schiena sparì lentamente con il mio aumento nel livello di fitness.

Sono anche un grande ammiratore della serie Microsoft Age of Empires. Così mi presi un po' di tempo libero giocando a questi giochi di strategia.

Comprai i libri che volevo leggere e guardai tutti i film che volevo vedere.

La parte migliore era che la perdita di lavoro mi diede un periodo di ripensamento in cui potevo pensare razionalmente a cosa volessi fare veramente nella vita.

Maledicevo i miei capi e colleghi precedenti?

No! Niente affatto. Li ho perdonati tutti e ho proseguito.

Ho la sensazione che a volte i miei capi precedenti, specialmente il Capo Ufficio, si sentirono in colpa per avermi lasciato andare.

Penso che gestire un manipolatore locale, naturalmente sto parlando di sig. Succhia Sangue, che era cresciuto con il padrone dell'azienda, era troppo da gestire dal suo sofisticato, Capo Ufficio di Oxford.

Comunque, a volte spero che questo li perseguiti per il resto delle loro vite. Dovrebbe stargli proprio bene.

Il motivo di scrivere tutto questo non è per fare fuoco e fiamme ma per lasciarlo andare. Scrivere questo libro in effetti mi ha guarito e spero che guarisca anche te caro lettore.

Morale della Storia

Vedi la perdita di lavoro come un nuovo inizio per qualcosa di migliore, di più luminoso.

È molto facile cadere in trappola. I pensieri negativi arrivano. Naturalmente ti domanderai come ora pagherai le tue bollette o porterai il cibo in tavola. Potresti perfino incolparti.

Non sei il solo. Questi pensieri sono venuti in mente anche a me.

E se non avessi inviato quella e-mail al mio Capo Ufficio?

Non era colpa mia che sig. Succhia Sangue, sig.na Regina dei Pasticci e gli altri miei colleghi mi avevano trattato così meschinamente?

Ma non c'è utilità nell'autopsia. Ti rende solo ancora più triste. Il lavoro non ritornerà.

Guarda invece il lato positivo.

Cerca di imparare una nuova abilità.

Prenditi una vacanza.

Impara un nuovo sport come arrampicamento su roccia o yoga.

Incontra i tuoi amici e membri della famiglia.

E non si sa mai che potresti trovare proprio la cosa giusta che hai sempre voluto fare nella vita.

Voglio finire con un dialogo dal film "Sound of Music":

"Quando il Signore chiude una porta, da qualche altra parte apre una finestra".

Potresti voler leggere alcuni altri articoli interessanti che ho trovato in internet:

Why Losing Your Job Can Be a Good Thing - A New Start[1]

Losing Your Job Can Be the Best Thing that Happened to You[2]

Celebrate Losing Your Job: Give Yourself a Standing Ovation[3]

Five Ways to Stay Positive After Losing Your Job[4]

---

1. http://www.layoffcoach.com/

2. http://voices.yahoo.com/losing-job-best-thing-happened-11996227.html?cat=5

3. http://voices.yahoo.com/
celebrate-losing-job-give-yourself-standing-3244271.html?cat=31

4. http://voices.yahoo.com/
five-ways-stay-positive-after-losing-job-3287792.html?cat=5

Capitolo 8: Cambiare Carriere: Che Cosa Mi Appassionava Davvero

Due anni dopo la perdita del mio lavoro

Incontrami adesso. E troverai un nuovo Prasenjeet Kumar. Sono un Autore-blogger-Imprenditore. Amo scrivere su cose che mi appassionano davvero. Credo che i miei libri dovrebbero aiutare a cambiare per sempre le vite delle persone (per il meglio, naturalmente!).

Ho scritto tre libri (questo è il mio quarto) nell'arco di sei mesi e sono tutti disponibili in vendita in tutto il mondo. Ho scritto oltre 100.000 parole in questi sei mesi.

Potresti essere sorpreso a sapere che i miei primi tre libri erano libri di cucina con le ricette della mia mamma. Io, tuttavia, non sono chef, né per formazione, attitudine o inclinazione. Né voglio essere etichettato come un "autore di libri di cucina".

Comunque, ciò che ho bisogno di sottolineare è che un bel mattino, sentii un forte desiderio: non solo di catalogare le ricette tradizionali e, come penso io, innovative, della mia famiglia, ma anche di aiutare persone impegnate a creare pasti cucinati all'improvviso, in un batter d'occhio.

Quest'operazione non è successa in una notte. Come ho già raccontato in alcuni dettagli, solo pochi anni addietro, volevo essere un ambizioso avvocato d'azienda che guadagna una busta paga aziendale grande e grossa e fa le vacanze all'estero.

Come avvenne questo cambiamento?

Perdita di Lavoro: una benedizione mascherata

È molto facile deprimersi per una perdita di lavoro e dubitare delle proprie capacità. Ma la tua perdita di lavoro potrebbe essere una grande, nuova opportunità.

Gli stupidi di solito rimangono a fissare una porta perfino quando gli è stata chiusa completamente. Ma non vedono la finestra che gli è stata aperta.

Vedi la tua perdita di lavoro come la morte di un'era e l'inizio di un nuovo mondo.

Conosci te stesso: che cosa ti appassiona veramente.

La stessa mia perdita di lavoro non riguardava soltanto andare in vacanza a Phuket, passare del tempo con la mia famiglia e giocare al computer.

Mi diede un'opportunità di comprendermi meglio.

Mi domandai che cosa volevo fare nella vita. Diverse volte.

Puoi credere quale risposta ho avuto indietro?

Niente. Proprio niente. In un certo senso mi resi conto che l'azienda con cui avevo lavorato aveva avuto un ruolo rilevante nel distruggermi.

Non mi ero mai sentito così incapace nella mia vita.

Non fui mai così indeciso su me stesso.

Alle superiori, volevo studiare legge. All'università, volevo essere un avvocato d'azienda.

E dopo? Avevo un diploma in legge e qualche esperienza in uno studio legale d'azienda. Quindi, per me era naturale continuare in quel percorso.

Continuai a propormi per lavorare ad altri studi legali e società che stavano cercando avvocati/consulenti legali.

Non ebbi notizia dalla maggior parte di loro. La situazione economica andava male.

Pochi mi invitarono per un colloquio ma non andarono oltre.

Alcuni dissero apertamente che ero troppo caro e non potevano permettersi nemmeno di pagarmi l'attuale salario.

Altri non risposero quando chiesi un riscontro.

Stavo perdendo interesse nel settore legale. Questo non è qualcosa che volevo fare nella vita.

Anche mantenerti aggiornato sul settore legale stava diventando un lavoraccio. Mio padre era solito esortarmi a rimanere aggiornato sul settore perché altrimenti cercare un nuovo lavoro non sarebbe stato facile.

Stavo diventando decisamente meno entusiasta del lavoro legale.

Ciò si stava mostrando nei miei colloqui?

Forse. Forse no.

Ma se non sei veramente appassionato a qualcosa allora per te diventa sempre più difficile dimostrare entusiasmo.

Almeno questo era il mio caso. Gli altri possono mettersi una maschera per un periodo molto corto.

La verità è che allora non sei onesto con te stesso.

Perché stavo perdendo interesse nel lavoro legale?

Cercai di convincermi che amavo il lavoro legale. Mi ero formato per fare ciò. Avevo speso un sacco di soldi per acquisire i titoli, diplomi e competenze necessari.

La mia insicurezza era dovuta ampiamente alla cattiva politica d'ufficio che avevo affrontato nella mia azienda precedente. Potevo riottenere il mio livello di sicurezza se mi fossi spostato in un'altra azienda, in una nuova squadra, senza politica d'ufficio.

Nelle altre aziende a cui mi proposi le ore erano ugualmente stressanti. Sicuramente non mi piaceva lavorare molte ore ma non volevo farne un ostacolo alla mia carriera legale.

Un compromesso poteva essere diventare un consulente legale interno. Provai quell'opzione e presto mi fu offerto un lavoro in un'agenzia immobiliare.

Qui la vita era facile. Le ore di lavoro erano piuttosto regolari. Anche la mia retribuzione netta era un pochino più alta. Così ero riuscito ad ottenere quell'aumento che mi era sfuggito nel mio incarico precedente.

Difficilmente c'era qualche calunnia perché ero l'unico membro della cellula legale. Qualsiasi lavoro legale importante, mi avrebbero chiesto di scaricarlo a qualche studio legale appropriato, come quello che avevo appena lasciato.

Il mio lavoro quindi era di relazionarmi ed assicurarmi che il lavoro venisse fatto a nostra soddisfazione e alla scadenza stipulata. Non era niente male.

Avevo anche accesso facilitato al Presidente e a tutti i Direttori dell'azienda. Era eccitante.

Nell'arco di tre mesi, tuttavia, la mancanza di lavoro stimolante mi lasciò annoiato. Come altri impiegati, potevo giocare su facebook e twitter tutto il giorno perché all'azienda non sembrava importasse.

Poi il lato brutto del business immobiliare in India iniziò a colpirmi. Mi stavo occupando ufficialmente di un sacco di clienti che avevano intentato causa all'azienda per essersi sottratta a delle schede di perfezionamento per appartamenti o case o negozi per cui avevano pagato. Dovevo combatterli legalmente assumendo i migliori cervelli legali disponibili sul mercato.

Poi appresi che in effetti avevamo imbrogliato questi clienti deliberatamente. Ed anche che non avevamo nessuna intenzione di completare i progetti né di restituire il denaro ai clienti.

E io ero l'uomo ascia che si assicurava che i lupi fossero tenuti a bada! Ecco perché l'azienda era così benevola sulla paga o le ore di lavoro.

Lasciai entro tre mesi e ricominciai a proporre candidature.

I mesi passavano. Non ottenni nessuna offerta valida.

Non ero turbato. Ciò mi sorprese.

Un anno dopo, mi feci la stessa domanda: Il lavoro legale mi appassionava?

Questa volta la risposta mi sorprese.

La risposta fu un sonoro "No".

Non fui mai appassionato al lavoro legale. Cercai soltanto di ingannare me stesso credendo di esserlo. Non si trattava solo di lunghe ore e di cattivi colleghi. Beh, anche quella era una grossa parte.

Durante i miei giorni all'università, volevo essere un ambizioso avvocato d'azienda giramondo. Lavorare in uffici sgargianti e guadagnare buste paga elevate erano parte dei miei sogni. Eppure, quando iniziai effettivamente a lavorare, non avevo desiderio dal primo giorno di salire al livello di associato senior o partner.

Cosa avevo di sbagliato?

Si, c'erano certi aspetti riguardo alla legge che mi piacevano davvero. Scrivere promemoria, fare ricerca, preparare analisi dei conti o offrire documenti erano il tipo di cose in cui eccellevo. A volte ero intellettualmente stimolato.

Ma al di là di ciò non ero veramente motivato. L'idea di rendere le aziende sempre più grandi non mi entusiasmava. Almeno non era qualcosa per cui morire di ulcere e attacchi di cuore!

Il denaro non mi motivava nemmeno per lavorare più duramente e per più ore. Per me la felicità contava più di tutto.

Che cosa mi appassionava allora

Volevo cambiare il percorso della mia carriera. Iniziai a cercare risposte su internet. Trovai un'abbondanza di articoli con consigli sui cambiamenti di carriera.

La maggior parte iniziava parlando dei tuoi "hobbies". Il consiglio è di annotare qualsiasi cosa ti venisse in mente perfino se sembrava triviale o imbarazzante.

Per esempio, poteva essere che volevi essere una stella del cinema. Questo tipo di pensiero può suonare strano. I membri della tua famiglia e amici potrebbero perfino riderne e potrebbero pensare a te come ad un bambino di cinque anni che vuole solo sognare ad occhi aperti.

Il consiglio che lessi era di scrivere delle cose su cui fantastichi e che ti piace fare.

Per cui che cosa mi piaceva fare? Guardai indietro alla mia infanzia, scuole superiori e giorni di università.

Mi piacevano materie quali storia, scienze politiche e psicologia.

Sono un amante della natura. Amo le montagne con le loro cime coperte di neve, clima temperato, laghi e abeti.

Mi piace fare esercizio. Il mio preferito è il pilates.

A scuola e all'università, ero parte della società di arte drammatica. Mi piaceva recitare.

Sapevo di poter dare un rendimento da togliere il fiato, se lo volessi. Avevo vinto due premi per la migliore recitazione e in molte occasioni avevo avuto il massimo applauso.

Nei giorni della mia infanzia, mi divertivo a scrivere storie. Alcuni insegnanti della mia scuola mi dissero che avevo grande immaginazione.

Non ho mai avuto alcun problema ad esprimermi in scrittura. Perfino nei miei giorni allo studio legale, il mio Capo Ufficio ed altri apprezzarono le mie abilità di scrittura. Scrivevo anche una sezione nella newsletter della mia casa dello studente a Londra.

Dove mi stavo dirigendo?

Le risposte veramente non mi erano ovvie.

Ma ciò che stava diventando chiaro era che sono una persona creativa.

Mi piaceva recitare e scrivere: appartengono entrambe al genere creativo. A novembre 2012 mi unii perfino ad un laboratorio di recitazione per un mese. Era divertente ma non pensavo di voler seguire la recitazione come carriera a tempo pieno. Non volevo spostarmi a Bollywood o iniziare a recitare nelle telenovela in tv.

La scrittura era un'altra opzione ma non era molto chiaro di cosa avrei dovuto scrivere.

Diventare un Imprenditore

Durante i miei giorni allo studio legale, una volta avevo discusso con mio padre del mio sogno di diventare un imprenditore. Entrambi ne convenimmo che era una buona idea che lavorare per altri solo per pochi anni e poi proseguire diventando il capo di me stesso.

Quindi che tipo di affari volevamo condurre?

Non volevamo iniziare con un modello di affari ad alto rischio con spesa di enormi capitali. Né volevamo centinaia di impiegati da gestire o spazi per uffici da prendere in affitto in località multiple.

La risposta era chiara.

Volevamo condurre un business dove la spesa capitale era minima e il business poteva trasformarsi in una fonte passiva di reddito perfino quando non era gestita attivamente.

Un business online?

Scrivemmo alcune opzioni, una delle quali era di mettere in rete le ricette di mia madre così che il mondo intero potesse leggerle e seguirle.

Da qui venne la motivazione.

Condurre un business online era qualcosa che mi intrigava e motivava.

Iniziai a cercare online competenze di costruzione web. Non ero un programmatore di computer e inizialmente pensavo che sarebbe stata tosta.

Trovai il corso con diploma Alison sulle competenze di costruzione web.

Insistetti per imparare un po' di codifica basilare html e css.

Ops, potresti chiederti che cos'è.

C'erano numerosi video tutorial su Youtube che mi insegnarono ad usare WordPress, un software come MS Word, che puoi usare per creare dei siti web davvero belli.

Creai il mio primo sito web www.cookinginajiffy.com con le ricette di mia madre. Ormai il sito ha oltre 100 ricette.

Da allora non ci sono stati sguardi retrospettivi.

Appresi come generare traffico usando i social media, e l'ottimizzazione dei motori di ricerca (SEO).

In aggiunta, appresi a formattare e pubblicare libri sia in versioni e-book che a stampa.

Negli ultimi sei mesi scrissi anche tre libri.

Ho iniziato un altro sito web che è la mia author platform o la mia home in internet: www.publishwithprasen.com

Qualsiasi cosa abbia scritto lo sto facendo per hobby.

Sono uno scrittore e un imprenditore.

Mi piace fare esercizio.

Il mio lavoro mi da la libertà di lavorare ovunque nel mondo.

Attualmente mi trovo negli Himalaya con la sua bellezza naturale mozzafiato e fresca brezza estiva.

E continuo a scrivere e tenere il mio sito web.

Certe volte ero insicuro di che cosa avrei scritto.

Ora scrivo di qualsiasi cosa che mi appassioni.

Il mio primo libro era sulla cucina per principianti. Sentivo fortemente che gli studenti universitari dovessero imparare un po' a cucinare prima di lasciare casa ma la maggior parte dei ricettari per studenti che trovai presumevano che si sapesse cucinare un pochino e saltavano dritti alle ricette.

Il mio secondo libro fu per tesorizzare e catalogare le mie ricette indiane caserecce.

Con una compilazione di oltre 100 deliziosi piatti indiani, molti dei quali non si possono avere né gratis né a pagamento in alcun ristorante indiano, questo era alquanto diverso da qualsiasi altro libro di cucina indiana in cui uno possa essersi imbattuto.

Sono molto rattristato di trovare persone obese, tutto attorno a me, passare da un regime dietetico ad un altro, come da una dieta con pochi carboidrati e molte proteine ad una dieta vegana. Credo sinceramente che le persone possano stare in salute senza seguire alcun regime dietetico momentaneamente in voga. Dunque, queste erano le basi del mio terzo libro che ho chiamato Cucina Salutare In Un Batter d'Occhio: Il Manuale Completo Non di Moda Non Dietetico.

Ora non è che l'ispirazione mi venga senza alcuna difficoltà. Sono un introverso e il libro 'Quiet: the power of introverts in a world that can't stop talking' di Susan Cain mi ha cambiato la vita.

Così, decisi di scrivere delle mie personali esperienze di vita per altri introversi il che ha portato alla scrittura di questo libro.

Mi considero un "Rivoluzionario Tranquillo".

Devo ammettere che inizialmente ho guadagnato molto meno che ai giorni nel mio studio legale ma il mio lavoro mi da un sacco di soddisfazioni.

Sono un uomo felice.

Sogno che le persone mi ameranno per i miei scritti.

Sogno che sarò capace di cambiare le vite delle persone e toccare un milione di cuori proprio come i lavori di altri autori hanno toccato il mio.

Credo che un giorno sarò un milionario perché avrò un milione di fan che mi seguono.

Non ho alcuna difficoltà a lavorare sodo.

Sento che la mia energia è senza limiti.

La mia professione mi incoraggia ad usare efficacemente i miei punti di forza di Momento Tranquillo, Preparazione, Scrittura e uso meditato dei social media.

Sono al di fuori della mia comfort zone, eppure sento che il mio posto è qui.

Ciò è diverso dai miei giorni allo studio legale quando usavo i miei punti di forza di scrittura e preparazione ma ero valutato soltanto sulla base delle lunghe ore di lavoro e di cosa pensassero gli altri di me.

Beh, quei giorni sono passati.

L'uccello Fenice è risorto dalle ceneri dei suoi avi.

Lei è giovane.

Lei è Tranquilla.

La risurrezione fu senza tuoni, lampi o terremoti.

Morale della Storia

È facilissimo impantanarsi con la perdita del lavoro. Tuttavia, vedi sempre il lato positivo.

Non ti consiglio di star seduto in ozio.

Continua a proporti per altri lavori mentre prendi in considerazione ciò che vuoi veramente dalla vita.

Le risposte non arriveranno all'istante ma se lo fanno allora è grandioso.

Fai una lista dei tuoi hobby e annota in fretta qualsiasi cosa ti venga in mente perfino a costo di sembrare assurdo.

Non esitare ad imparare una nuova abilità che sia progettazione web o navigazione su zattera. Non si sa mai quale potrebbe diventare la tua nuova professione.

Decidi se vuoi essere un impiegato o diventare un imprenditore. Ci sono pro e contro nell'essere entrambi.

Raccomando fortemente il libro di Joanna Penn "Career Change: Stop hating your job, discover what you really want to do with your life, and start doing it!"

La cosa più importante abbi fede in te stesso.

Ti auguro la miglior fortuna.

Libri dell'autore nella collana "Fenice tranquilla"

CELEBRIAMO LE PERSONE CALME: STORIE DI ISPIRAZIONE PER GLI INTROVERSI E GLI IPERSENSIBILI

FENICE TRANQUILLA: GUIDA PER INTROVERSI PER RISORGERE NEL LAVORO E NELLA VITA

ELOGIO DEL LEADER PACATO: STORIE EDIFICANTI DI LEADER INTROVERSI CHE HANNO CAMBIATO LA STORIA

ELOGIO DEGLI ARTISTI PACATI: STORIE EMOZIONANTI DI ARTISTI INTROVERSI CHE IL MONDO NON POTRÀ MAI DIMENTICARE

Libri dell'autore nella collana "Come cucinare in un lampo"

CUCINA INDIANA CASALINGA IN UN LAMPO

COME CUCINARE IN UN LAMPO: ANCHE SE NON AVETE MAI LESSATO UN UOVO PRIMA

LA GUIDA DEFINITIVA PER CUCINARE LE VERDURE ALLA MANIERA INDIANA

LA GUIDA DEFINITIVA PER CUCINARE LE LENTICCHIE ALLA MANIERA INDIANA

LA GUIDA DEFINITIVA PER CUCINARE IL PESCE ALLA MANIERA INDIANA

Libri dell'autore nella serie "Auto-Pubblicare SENZA SPENDERE UN SOLDO"

COME ESSERE UN AUTORE/IMPRENDITORE SENZA SPENDERE UN SOLDO

COME TRADURRE IL TUO LIBRO SENZA SPENDERE UN SOLDO

COME COMMERCIALIZZARE I TUOI LIBRI SENZA SPENDERE UN SOLDO

Ringraziamenti

Ai miei cari mamma e papà per il loro irremovibile sostegno e fiducia nelle mie capacità senza di cui non avrei potuto scrivere questo libro.

Disconoscimento di Responsabilità

L'Autore ha cercato di ricreare dai suoi ricordi, qualora ritenuto pertinente, eventi, luoghi e conversazioni. Al fine di mantenerne l'anonimità in alcuni casi, l'Autore ha cambiato i nomi di individui e luoghi, incluse alcune qualità identificative particolari e dettagli come caratteristiche fisiche, occupazione e luoghi di residenza.

Contattami

Se vuoi metterti in contatto con l'autore, puoi scrivergli liberamente all'indirizzo e-mail prasenjeet@publishwithprasen.com

Mi farebbe piacere che entrassimo in contatto sui Social Media. Raggiungimi su:

Facebook[1]

Twitter[2]

Google Plus[3]

Goodreads[4]

Per ulteriori domande potresti contattare il traduttore Luigi Cirame scrivendo a luigicirame@tiscali.it

---

1. https://www.facebook.com/prasenjeet.kumar.925

2. https://twitter.com/PublishWithPras

3. https://plus.google.com/102110869999265927098/posts

4. https://www.goodreads.com/prasenjeet

Informazioni sull'Autore

Prasenjeet Kumar ha una laurea in Legge dello University College London (2005-2008), London University e una laurea Philosophy Honours del St. Stephen's College (2002-2005), Delhi University. In aggiunta, possiede un Diploma in Legal Practice Course (LPC) del College of Law, Bloomsbury, London.

Prasenjeet ama il buon cibo, la musica, i film, il golf e viaggiare. Ha già visitato sedici paesi quali Canada, Cina, Danimarca, Dubai, Germania, Hong Kong, Indonesia, Macao, Malesia, Sharja, Svezia, Svizzera, Tailandia, UK, Uzbekistan, e gli USA.

Prasenjeet è il progettista, scrittore, editore autodidatta e orgoglioso proprietario del sito web www.cookinginajiffy.com che ha dedicato a sua madre e www.publishwithprasen.com in cui condivide suggerimenti sull'auto-pubblicazione.